CEO from HYU

청년에게 답하다

신동우

CEO from HYU

청년(青年)에게 답(答)하다

신동우

한양대학교 출판부

추천사

—

한양대학교 이사장

김종량

글을 읽으며 오랜만에 고개를 참 많이 끄덕였습니다. 신동우 박사의 글을 읽으며 고개를 많이 끄덕인 이유는 그 글이 미문이거나 깊은 사색의 내용을 담고 있어서라기보다는 실제 경험을 바탕으로 쓴 글이기 때문입니다. 책 속에 담긴 그의 경험들은 신 박사의 실용정신을 그대로 잘 보여주고 있습니다.

신 박사는 국립대학 교수로 재직하며 힘들지 않은 삶을 살 수 있었음에도 그리하지 않았습니다. 외환위기 후 힘든 상황 속에서 제자들의 일자리를 마련해주기 위해 교내 기업을 창업했고, 정년을 10년이나 남겨둔 시점에서 명예퇴직을 하고 회사에 전념하기로 했습니다. 바로 이런 모습은 그가 국가와 민족의 앞날을 걱정하는 살신성인의 철학을 실천함과 동시에 실용정신을 실천하며 살아가려는 의지를 잘 보여주는 예라고 생각합니다. 우리 한양대학교의 학풍을 실용학풍이라 합니다. 신 박사는 한양대학교 출신으로서 실용의 정신을 잘 실천하고 있기에 더욱더 자랑스럽고 마음이 든든함을 느낍니다. 또한 이러한 실용의 정신이 글의 바탕에 고스란히 담겨 있어 이 시대의 젊은이들에게 나침반이 될 수 있는 책이라 생각합니다.

물론 이 책은, 우선은 젊은이들을 향해 있는 글입니다. 아마도 대학에서 제자들을 가르쳤던 제자 사랑이 마음속에 고스란히 남아 있기 때문입니다. 그뿐 아니라 내용을 찬찬히 읽어보면 회사를 창립하고 경영해온 경영인으로서의 지혜도 잘 담겨 있습니다. 성공한 경영인의 체험담이라기보다는 난관과 실패를 어떻게 극복했는지, 어떻게 사는 것이 성공적인 삶이고 바른 삶인지까지를 꼼꼼히 기록해두고 있습니다. 그래서 신 박사의 글을 읽으며 "눈길을 걸을 때 함부

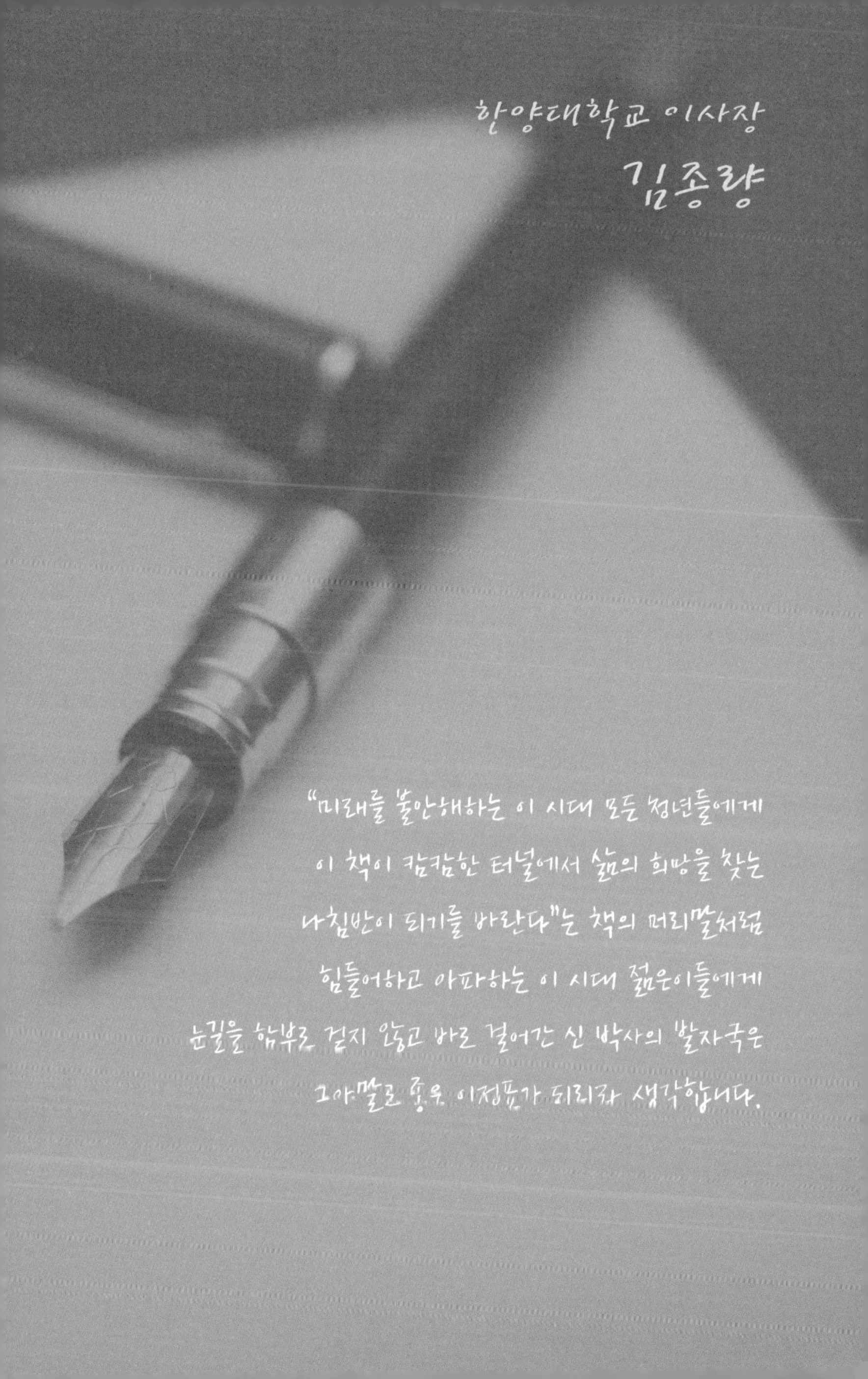

한양대학교 이사장

김종량

"미래를 불안해하는 이 시대 모든 청년들에게

이 책이 캄캄한 터널에서 삶의 희망을 찾는

나침반이 되기를 바란다"는 책의 머리말처럼

힘들어하고 아파하는 이 시대 젊은이들에게

눈길을 함부로 걷지 않고 바로 걸어간 신 박사의 발자국은

그야말로 좋은 이정표가 되리라 생각합니다.

로 걷지 마라. 오늘 내 발자국이 마침내 뒷사람에게는 이정표가 되리니"라는 옛 선인의 말씀이 자꾸 생각난 이유는 글 속에 선명히 찍힌 신 박사의 발자국이 보였기 때문입니다. 물론 잠시 멈칫한 흔적도 있고 뒤를 돌아보며 아파한 흔적도 있지만, 그럼에도 저 앞에 어떤 길이 있는지 알지 못한 채 눈 덮인 길을 헤매는 이 시대의 젊은이들에게 참으로 좋은 이정표의 발자국이라 생각합니다.

그런 의미에서 신동우 박사는 우리 시대 사회적 약자를 진정으로 따뜻하게 품는 서번트 리더십(섬김의 리더십)에 있어서 최고의 롤모델을 보여주고 있습니다. "미래를 불안해하는 이 시대 모든 청년들에게 이 책이 캄캄한 터널에서 삶의 희망을 찾는 나침반이 되기를 바란다"는 책의 머리말처럼 힘들어하고 아파하는 이 시대 젊은이들에게 눈길을 함부로 걷지 않고 바로 걸어간 신 박사의 발자국은 그야말로 좋은 이정표가 되리라 생각합니다.

신 박사의 책 출간을 진심으로 축하하며, 오래도록 우리 젊은이들에게 귀감이 되어 주시기를 부탁드립니다.

추천사

—

前 YTN 대표이사 사장 / IBK기업은행장

조준희

책 제목을 보면서 신동우 대표가 청년들에게 어떤 답을 내놓을지 호기심이 생겼습니다. 왜냐하면 청년들은 지금 우리나라에서 가장 힘든 세대이기 때문입니다. 금수저, 흙수저, 비뚤어진 운동장, 사실 그네들의 하소연을 들으면 억울하고 딱한 면이 있는 게 사실입니다. 이런 상황에서 감히 청년들에게 답을 하겠다는 신 대표의 용기가 장하다는 생각도 들었습니다. 책장을 넘기면서 궁금증은 하나 둘 풀려갔습니다.

아홉 살부터 장사를 하셨고 배움에 한이 있으셨다는

아버지 밑에서 자란 신 대표는 이른바 금수저는 아닙니다. 그럼에도 장학금을 받고 자기 힘으로 고학하며 배움을 이어가 35세에 국립대학 교수가 되었습니다. 자랑스러운 일이지만 여기까지는 그런 성공 스토리가 아주 드문 편은 아닙니다. 외국 문물을 접하기 힘들었던 시절, 해외유학을 통한 이공계 박사학위 취득은 대학에서 교편을 잡는 데 지금보다 더 큰 보증수표 역할을 했기 때문입니다.

신동우 대표의 진면목이 드러난 것은 어느 정도 미래가 보장된 국립대학 교수생활에 머무르지 않고 주식회사 나노를 창업하면서부터입니다.

대학에서 배운 전문지식을 캠퍼스 안에 가두지 않고 과감히 산업현장에 접목시키는 도전에 나선 것입니다. 특히 애써 가르친 제자들이 취업절벽에 부딪치는 안타까운 현실을 보며 대학 연구실에서 교내 창업을 결심했다니 가슴 뭉클합니다. 대학을 나와도, 대학원을 나와도 취업이 어려운 것은 비단 경상대만의 일은 아닐 것입니다. 그렇다고 교수가 창업을 하고 졸업생에게 일자리를 제공하는 모델은 흔치 않습니다. 교내 창업 기업도 기업인지라 지속적으로 이윤을 내야 하는 냉엄한 시장의 현실 속에서 살아남기란 쉽지 않은 일이기 때문입니다.

IBK기업은행장 시절, 저는 기술경쟁력 하나로 세계 시장에 우뚝 서기 위해 갖은 풍파를 견디며 도전과 인고의 세월을 보내온 많은 기업인들을 보아왔습니다. 신 대표가 걸어온 가시밭길도 눈에 선합니다.

지금은 성공한 중소기업일지라도 뒤를 돌아보면 한결같이 어떻게 견뎌왔는지 모를 10년, 길게는 더 오랜 산고의 세월을 품고 있습니다. 기술력은 있는데 자금 융통이 안 돼서, 어렵게 자금은 마련했는데 저가 중국산이 들어와서 등등 중소기업이 넘어야 할 힘든 고비는 한둘이 아닙니다.

결제일은 다가오는데 자금은 돌지 않아 부도위기까지 내몰리는 경우도 다반사입니다. 여기에 우리나라 중소기업들은 때로는 도저히 싸움이 되지 않는 대기업과도 경쟁을 펼쳐야 합니다.

주식회사 나노를 이끌어온 신 대표가 걸어온 길도 이와 다르지 않습니다. 촉망받는 기술이었지만 초기 시장이 만들어지지 않았고, 돈을 빌려줘도 이윤만 챙기려는 일부 금

전 YTN 대표이사 사장 / IBK기업은행장

조준희

교내 벤처기업으로 시작해 글로벌 기업으로 발돋움하기까지,
17년 동안의 기업 성장기를 생생하게 담은 이 책은
이 시대 청년들에게 나아갈 방향을 비춰주는
등대 역할을 하리라 기대합니다.
아울러 이 책을 통해 답을 얻을 수 있는 사람은
비단 청년만은 아닐 것이기에
많은 사람들이 읽고 희망을 찾았으면 하는 바람입니다.

융사의 횡포에 감당하기 힘든 개인 빚을 지기도 했습니다. 신 대표는 그런 고비마다 뜻밖의 사람이 나타나 도와줌으로써 위기를 극복할 수 있었다고 말합니다. 저는 이렇게 생각합니다. 신 대표가 보여준 평소의 성실함과 정직함, 사람 냄새 나는 타인에 대한 배려가 그 어떤 신용장보다 더 큰 위력을 발휘했다고.

이 책에는 대학 연구실에서 창업한 한 작은 기업이 어떻게, 작지만 강한' 강소기업'으로 우뚝 서게 됐는지가 고스란히 녹아 있습니다.

절박함을 안고 뛰는 직원의 실행이 조직을 위기에서 구할 수 있다는 것, R&D에 투자한다고 해서 투자한 금액에 비례해 성과가 나오는 게 아니라는 것 등은 신동우 대표가 현장을 발로 뛰며 체득한 삶의 지혜들입니다. 답은 현장에 있기에 뛰어들어보지 않고서는 결과를 미리 알 수 없는 것입니다.

신 대표는 한국은 청년들이 제조업 분야에서 창업하기에 좋은 환경이 아니라고 합니다 맞는 이야기입니다. 하지만 젊은이가 도전하지 않는 사회는 미래가 없습니다. 저는 우리 젊은이들이 '돈이 없는 사람이 가난한 것이 아니고, 꿈이 없는 사람이 가난한 것이다'라는 말을 가슴 깊이 새겼으면 합니다.

교내 벤처기업으로 시작해 글로벌 기업으로 발돋움하기까지, 17년 동안의 기업 성장기를 생생하게 담은 이 책은 이 시대 청년들에게 나아갈 방향을 비춰주는 등대 역할을 하리라 기대합니다. 아울러 이 책을 통해 답을 얻을 수 있는 사람은 비단 청년만은 아닐 것이기에 많은 사람들이 읽고 희망을 찾았으면 하는 바람입니다.

추천사

—

한국청소년단체협의회 회장

서상기

그간 늘 우리 청년들의 어려운 현실과 미래에 관심이 많았던 신동우 대표의 책 출간 소식을 접하고, 기쁜 마음에 책을 열었습니다. 책의 구절구절마다 우리 청년들에게 용기와 격려를 주는 따듯한 마음이 담겨 있어 과연 '신동우 대표답다'는 생각이 들었습니다.

제가 신동우 대표를 처음 만난 것은 1999년 경상대학교 교내 벤처기업으로 ㈜나노가 창업된 지 얼마 지나지 않아서였습니다. 그즈음을 돌이켜볼 때 특히 기억에 남는 것은 창업 이듬해인 진주공장 순공식 자리입니다. 이제 막 창업한 벤처기업의 준공식에 현직 영국 대사가 참석하여 인상 깊었으며, 그 자리에서 신동우 대표와 긴 시간 대화하며 알게 된 IMF 이후 제자들의 취업을 위한 순수한 창업 의도가 특별히 기억에 남습니다.

2002년에 당시 제가 대표로 있었던 경남 신지식산업재단(현 경남테크노파크)의 유망 벤처기업을 위한 연구비 지원 사업에서도 신동우 대표라면 어떤 일도 능히 해낼 것이라는 확신을 가지고 있었기에 ㈜나노에 자금 지원을 적극 추천하였습니다. 벤처기업의 투자에 있어서 기술과 사업전망도 중요하지만 가장 중요한 것은 창업자의 의지와 기업가 정신이라고 판단하였기 때문입니다. 현재는 글로벌 기술기업으로 성장한 ㈜나노를 보면서 그때의 판단이 정말 옳았다고 스스로 자부하고 있습니다.

그 후 신동우 대표와 18년 가까이 친분을 이어오고 있지만, 보통 사람들은 하나도 하기 힘든 교수와 기업인 모두를 소홀함 없이 훌륭히 해내는 것을 보며 그 탁월한 역량에 감탄해 왔습니다. 이 책을 읽으면서 현재의 성공은 '능력보다는 운과 고마운 분들의 도움 때문'이라는 신동우 대표의

한국청소년단체협의회 회장

서상기

이 책에는 한 세대 앞서 세상과 부딪혀 온
신동우 대표가 우리나라 젊은이들에게 주는
유익한 글들이 실려 있습니다.
청년들에게 주는 올바른 삶에 대한 소신부터
창업과 성공에 이르기까지 필요한 덕목을 제시하고 있으며,
아울러 우리 사회와 정부정책에 대한 날카로운 비판과
통찰력도 잊지 않았습니다.

겸손함이 바탕이 되고, '불굴의 의지와 리더쉽, 그리고 난관 극복의 지혜'가 갖추어져 있었기에 가능했다고 생각합니다.

이 책에는 한 세대 앞서 세상과 부딪혀 온 신동우 대표가 우리나라 젊은이들에게 주는 유익한 글들이 실려 있습니다. 청년들에게 주는 올바른 삶에 대한 소신부터 창업과 성공에 이르기까지 필요한 덕목을 제시하고 있으며, 아울러 우리 사회와 정부정책에 대한 날카로운 비판과 통찰력도 잊지 않았습니다.

개인적 친분을 떠나 300만 회원의 한국청소년단체협의회 회장인 저는 신동우 대표의 진솔한 이야기가 담긴 이 책을 우리 청년들이 본받을 만한 멘토로서, 그리고 미래 설계를 위한 지침서로 적극 추천하고자 합니다.

초지일관(初志一貫)이란 말이 있습니다. 신동우 대표는 회사 창립 때부터 경영목표를 '글로벌 기업'으로 정해놓고 세계 무대를 향해 현재까지 일관되게 추진해 오고 있습니다. 교수로서 영국, 독일, 일본 등 세계 유수의 대학과 연구기관 등을 거치며 몸소 글로벌 역량을 갖췄을 뿐 아니라, 이를 바탕으로 나노 차이나 법인 설립을 시작으로 유럽, 미국, 일본사무소를 개설하고 최근에는 스페인 자동차 부품회사를 인수하는 등 세계화에 박차를 가하며 경영에서도 ㈜나노를 글로벌 기술기업의 반열에 올려놓는 괄목할 만한 성과를 이루어냈습니다. 이처럼 한번 정한 목표를 포기하지 않고 지난 20여 년간 쉼없이 달려온 신동우 대표의 추진력과 실행력 또한 우리 청년들에게 큰 귀감이 된다고 생각합니다.

그간의 노력과 성과에 진심으로 격려의 박수를 보내며, 이처럼 탁월한 능력을 이제는 보다 큰 틀에서 국민과 나라를 위해 써야 할 때라는 확신이 들었습니다. 우리는 4차 산업혁명 시대를 맞아 국가적으로 매운 중요한 시기에 놓여 있으며, 능력 있는 글로벌 리더를 절실하게 필요로 하고 있습니다. 그런 관점에서 국제적 안목과 스케일 그리고 겸손의 미덕까지 겸비한 신동우 대표만큼 자질을 갖춘 사람도 찾기 힘들다고 생각합니다.

신동우 대표의 진심 어린 메시지가 최악의 실업에 절망하고 새로운 희망에 목말라하는 우리 청년들에게 공감과 감동을 주고 『청년에게 답하다』라는 책 제목처럼 난관극복을 위한 해답과 지혜를 주리라 생각합니다.

머리말

청년들이 그들의 시간과 노력을 무엇에 우선해 투자해야 하는지 답하고자 이 책을 쓰기 시작했다. 인생의 마디마디에서 경험한 것들 중 돌이켜보니 맞더라고 검증된 것만을 모아보았다. 먼저 자신의 적성에 잘 맞는 일을 선택하고, 매 순간 '나를 통해 세상이 좀 더 나아질 수 있도록 한다'는 선한 원칙에 부합하는 일에 시간과 노력을 투자해야 한다. 이런 과정을 통해 나와 같이 일하는 사람들의 삶의 자부심이 향상될 뿐 아니라 나 또한 세상의 현재와 미래에 기여하는 인생을 살아갈 수 있다.

이 책의 전반부에는 청소년기를 거치는 과정 중에 부모님과 주위 사람들로부터 체득한 교훈과 1993년 영국 케임브리지 대학교에서 박사학위를 받기까지의 청년기 동안 독일, 영국, 일본, 한국의 연구기관에서 경험한 것을 기록했다. 후반부에는 1995년 경상대학교 교수로 부임해 IMF 구제금융 기간 중 대학 연구실에서 실험실 벤처를 창업해 글로벌 기업으로 육성하기까지 지난 20년간 사업 현장에서 겪은 시행착오를 적었다.

1960년 경상북도 상주에서 태어난 나는 세상 사람들에게 실제로 도움이 되는 일을 하겠다는 꿈을 가졌고, 적성에 맞는 공학을 선택해 독일, 영국, 일본 등 넓은 세상과 한국의 대학 및 연구기관에서 연구하면서 그 꿈을 단련하는 기회를 가졌다. 그 꿈의 연장선에서, 대학에서 공학을 가르치는 데 그치지 않고 공학의 본질에 맞게 새로운 제품을 개발하고 이를 산업화했다. 이런 장기간의 일관된 목표는 나 자신뿐 아니라 나와 뜻을 함께하는 분들께 강한 동기와 자부심을 부여했으며, 세상의 공기를 맑게 하는 제품을 생산하는 글로벌 기업을 키워냈다.

"사람은 아는 것만큼 포용하고 깨달은 것만큼 볼 수 있다. 내가 겪은 시행착오를 뛰어넘어 청년들이 더 큰 희망을 일구어 나가기 바라는 마음으로 이 책을 정리했다. 청년들보다 한 세대 앞서 세상과 사람을 겪어온 나의 경험과 시행착오의 기록이 미래를 불안해하는 이 시대 모든 청년들에게 캄캄한 터널에서 삶의 희망을 찾는 나침반이 되기 바란다."

신입 사원에게 비전을 설명하고 있는 신동우 ㈜나노 대표

2017년부터 대한민국은 65세 이상 노인 인구가 전 인구의 14% 이상이 되는 고령사회로 진입했다. 세계 어느 나라보다 빠르게 노령사회로 진입해, 농어촌은 이미 두 명 중 한 명이 60세 이상이 되었다. 여기에 2017년부터 생산 가능 총인구가 감소해 소비절벽과 생산품 감소로 인한 인력 감축이 다시 취업 절벽의 원인이 되어 쉽게 헤어날 수 없는 구조적인 장기 침체기가 본격적으로 시작되었다.

지금까지보다 앞으로 닥쳐올 미래는 청년 백수, 장년 실업, 노인 빈곤의 사회 양극화가 더 심해지는 절망의 시기가 예상된다. 그러나 이럴 때일수록 개인과 국가 모두가 단기적인 출구 전략에 집중하기보다는, 장기적인 삶의 원칙과 목표, 그리고 무엇보다도 큰 인내심을 가지고 지속적으로 경쟁력을 쌓아서 희망의 출구를 찾아야 한다.

사람은 아는 것만큼 포용하고 깨달은 것만큼 볼 수 있다. 내가 겪은 시행착오를 뛰어넘어 청년들이 더 큰 희망을 일구어 나가기 바라는 마음으로 이 책을 정리했다. 청년들보다 한 세대 앞서 세상과 사람을 겪어온 나의 경험과 시행착오의 기록이 미래를 불안해하는 이 시대 모든 청년들에게 캄캄한 터널에서 삶의 희망을 찾는 나침반이 되기 바란다.

2017년 7월

신동우

차례

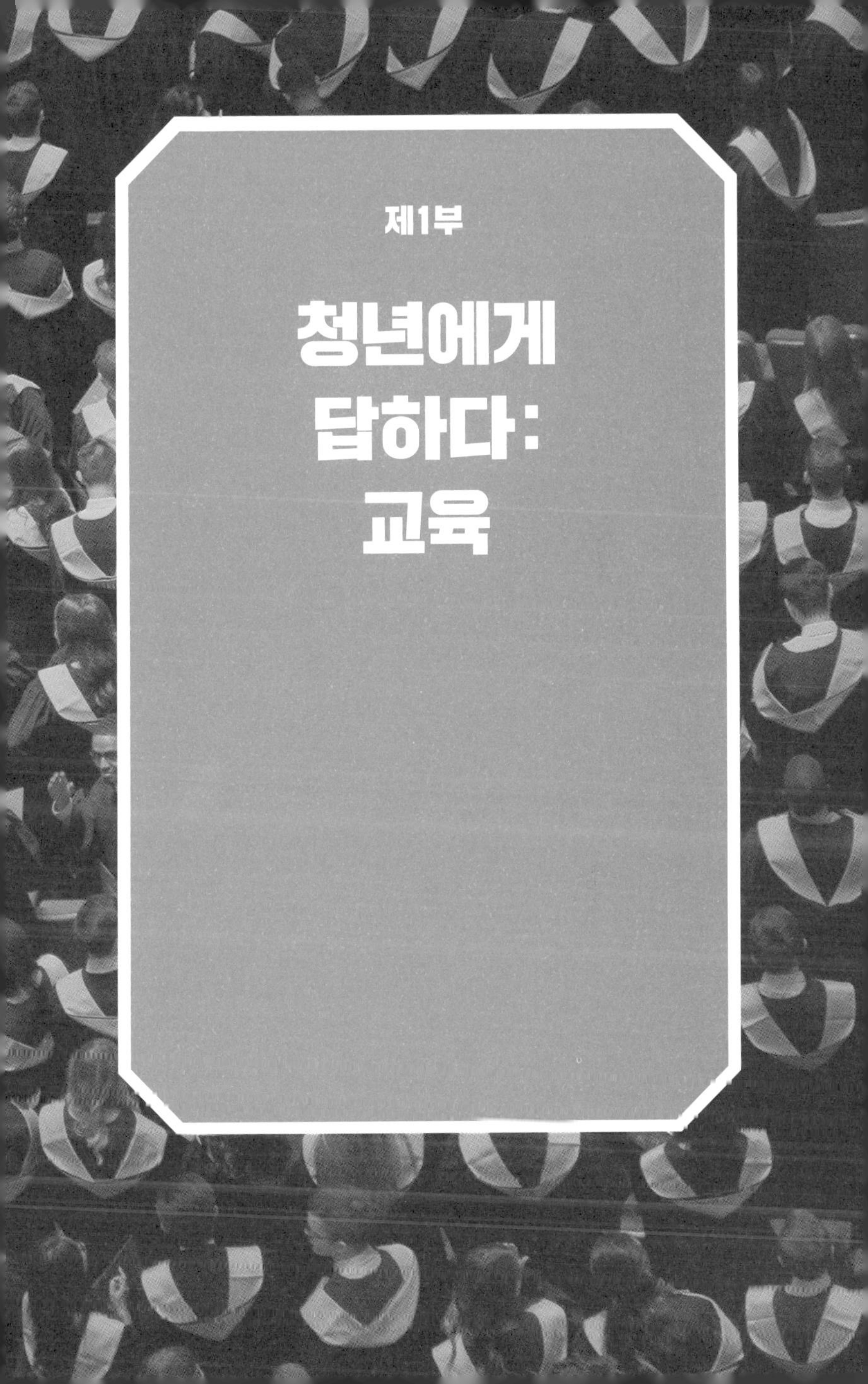

제1부

청년에게 답하다: 교육

01

부모의 장점을 닮아라

사람을 대할 때 50세가 된 자식이 부모 대하듯 하라는 격언이 있다. 청년기에 꿈을 세우고 이를 성취하기 위해 노력했으나 그 결과가 신통치 않고, 매사 자식에게 좋은 롤모델이 되고자 했으나 뜻대로 되지 않음을 경험한 50대는 타인의 미흡함도 어느 정도 포용하고 덮어줄 수 있는 나이라는 뜻이다.

모든 사람은 한 가지 이상의 장점을 갖고 있다. 부모만큼 자식에게 장단점이 적나라하게 노출된 인격은 없다. 그러기에 그 중에서 장점만을 택해 배우고자 한다면, 두자히 시간과 노력에 비해 가장 효율적인 배움이 될 것이다. 우선 유전적으로 일치해 특별한 가르침이 없어도 본능적으로 생각과 행동이 부합하기에 배움의 속도가 빠르다. 둘째는 가장 가까이에서 매일 많은 시간을 같이하니 배움의 기회가 많다. 셋째는 배우고자 먼저 손을 내밀었을 때 가장 헌신적으로, 그리고 가장 기쁜 마음으로 시간과 노력을 할애해줄 수 있는 스승이다. 마지막으로 부모의 장점을 배우고자 하는 과정에서 가족 간의 결속이 공고해지고 자연스럽게 부모가 들려주는 조상의 뿌리를 확인하는 과정을 통해 자신의 정체성을 바르게 확립함으로써 세상의 어떤 어려움도 이겨낼 수 있는 든든한 성을 확보하게 된다.

우선 부모의 장점을 배우기 위해서는 부모의 성장과정에 대해 아래 예를 든 정도의 자료는 귀동냥으로 수집하는 것이 그분들과 나를 이해하는 데 도움이 된다.

2002년에 76세로 작고하신 나의 아버지는 1926년생이다. 나이 서른이 넘어서 일곱 살 아래의 1933년생이신 어머니와 결혼해 당신의 부모님과 함께 신혼살림을 시작했다. 아버지는 매우 머리가 똑똑했지만, 서당의 훈장이셨던 할아버지가 워낙 살림을 일으키는 재주가 없어서, 일제시대 국민학교 1년을 다니다가 식구들을 먹여 살리기 위해 나이 아홉 살부터 장사를 했다고 한다. 아홉 살 소년이 무엇으로 식구를 먹여 살릴 수 있었겠는가 생각해보니, 시장터에서 나오는 물건을 사서 다른 시장터로 옮겨 파는 장돌뱅이 일부터 시작했으리라 추측된다. 차츰 장사에 익숙해지면서 자전거로 물건을 싣고, 스스로 셈과 한글을 배워 거래 장부를 작성하게 되었다. 그럭저럭 굶지는 않고 장사를 하던 터에 나이가 차서 당시 총각으로는 늦은 나이인 30세가 넘어서 금동에 있는 어머니와 결혼하게 되었다.

어머니는 위로 오빠가 한 분 계셨고, 아래로는 두 명의 여동생과 두 명의 남동생이 있었다. 어머니는 장녀로서 항상 다른 형제들에게 베풀고 걱정하는 것이 몸에 밴 분이다. 어머니 집안은 살림이 괜찮았던지, 어머니의 오빠는 당시에 법과대학에 재학 중이셨으나 6·25 전쟁 가운데 소식이 끊겨서 어머니 마음에 그리움으로 내내 남아 있다. 어머니 역시 머리가 좋으셨던지 일제 치하의 소학교는 입학 면접시험에 있었는데 당신이 한 번에 합격했다고 가끔 자랑하셨다.

1966년 봄,
유치원 소풍 가기 전날
어머니와 찍은 사진

그때 면접관이 어린 어머니에게, "모친은 무엇을 하시는가" 물으셔서, 어머니는 "나의 어머니는 집에서 가마니를 짠다"고 답했고, 다시 면접관이 "그 가마니를 짜서 무엇을 할 것이냐"는 질문에 "나라에 바친다"는 답을 해 면접관이 "훌륭하다"는 반응을 했다는 것을 자랑스럽게 말씀하셨다.

어머니는 재기가 있으면서도 근기와 덕이 있으셔서 남에게 재기를 드러내지 않으시고 후덕한 인격으로 이를 감싸는 인품을 가지셨다. 나에게는 늘 스승의 역할을 하셨다. 부모님은 나의 형님을 낳으신 후 가족이 경북 문경시 가은읍 전곡리에서 상주시 함창읍으로 이사 오셨다. 함창읍으로 이사 오신 이듬해인 1960년에 내가 태어났다. 당시에는 함창읍 인구가 2만 명이어서 초·중·고등학교가 있었고, 아버지는 자신이 배우지 못한 한이 있으셔서 당신 자식들과 누님과 누이동생 자식들의 교육을 위해 이사하셨다고 했다. 아버지의 교육열은 대단해서 근방 시골에 사시는 당신의 누님과 여동생의 아들들을 함창읍에 있는 우리 집에서 먹이고 재우며 공부시켰다. 어머니는 조카들과 친척 아들의 도시락을 매일 10개까지 싸본 적이 있다고 말씀하시고는 했다.

어머니가 해준 밥을 먹고 공부한 나의 고종 사촌들은 모두 선생님과 공무원이 되었다. 당시는 교육대학이 2년제여서 학업기간 중 특례로 군복무까지 면제받고 졸업 후 바로 초등학교 교사로 임용되었다. 그리고 지방 공무원 시험이 지금처럼 어렵지 않아서 수월하게 공무원 임용시험에 합격할 수 있었다. 큰고모님 댁의 어려운 형편을 감안해 아버님께서는 짧은 교육을 받고 바로 안정적인 직업을 얻을 수 있는 길로 당신 조카들을 안내했다. 이렇게 교사와 공무원이 된 당신 조카들은 또 열심히 자녀교육에 힘써서 그 자녀들은 모두 변호사, 의사의 전문직과 공기업과 대기업에 근무하고 있다. 이는 현명하신 아버님의 교육열과 더불어 어머님의 사랑과 정성에 힘입어서 이렇듯 두 세대의 시간을 초월해 큰 자존의 결실을 맺게 되었다.

교육에 대한 투자와 사람에 대한 정성은 시간이 지나면서 반드시 그 성과를 얻을 수 있음을 우리 집안사람들의 성장을 통해 알 수 있었다. 어떤 집안이 당대에 번창하기를 기대하기보다는 2~3세대를 두고 긴 안목으로 투자하고 정성을 다하는 노력이 필요하다.

나는 시골에서 부모님과 함께 청소년기를 보낸 것에 대해 감사드린다. 어머니는 장사 나갔다가 며칠마다 한 번씩 집에 들어오는 아버지에게 따뜻한 식사를 드리기 위해 늘 밥 한 그릇을 아랫목에 덥혀두셨다. 그러면서도 시부모님을 정성으로 모시면서 자식들을 무한한 사랑으로 키우셨다.

내가 자라면서 한 번도 어머니에게 야단맞은 기억이 없는 것은 내가 착해서라기보다는 어머니의 특별한 인품 때문이라 생각한다. 그리고 나 또한 그런 어머니의 인품을 닮으려고 노력했다.

초등학교에 다닐 때는 미술반에서 들어가서 시골 산천을 돌아다니면서 그림을 그렸다. 크레용으로 그린 그림이지만 그때 시골 사계절을 갖은 색깔로 그린 기억 때문인지 지금도 겨울 눈과 얼음이 언 강에서 쪼르륵 흐르는 강물을 따라 피어난 버들강아지, 진달래, 개나리가 핀 봄 풍경, 한여름의 푸른 산과 들, 햇볕에 일렁이며 반짝이는 황금빛으로 익은 벼 잎이 그려내는 풍요로운 들판을 볼 때면 색의 아름다움과 유년의 기억으로 편안함을 느낀다. 아마도 이는 어머니의 미술 재능을 조금 닮았으리라 짐작된다. 어머니는 그림에 솜씨가 있으셔서, 내가 그림을 그릴 때 곁에서 지켜보시던 어머니의 손을 한 번 거치면 훌륭한 그림으로 재탄생하고는 했다.

부모로부터 인격을 존중받지 못한 자식은 밖에서 인격을 존중받지 못한다

부모로부터 인격을 존중받지 못한 자식은 절대 바깥에서 다른 사람으로부터 인격을 존중받지 못한다. 초등학교 시절 내일이 소풍날인데 집에 돈이 없어서 소풍 가서 먹을 과자와 음료수를 사달라는 말을 하지 못하고 있던 터에 어머니가 손을 붙잡고 가게에 가시더니 잔뜩 가방에 넣어 주시고는 가게 주인에게는 외상이라고 했다. 돌아오는 길에 어머니에게 왜 외상으로 이렇게 많이 사셨냐고 물었더니, 돈이야 있다가도 없지만 내 아들이 상한 자존심은 치유될 수 없을 수도 있기 때문이라고 하셨다. 현명한 말씀임을 나중에 알게 되었다. 그제야 왜 어머니가 항상 최고의 반찬에 가장 깨끗한 옷을 입히며 항상 내 아들이 최고라고 칭찬하신 이유를 더 실감하게 되었다. 훗날 자식을 키우게 되면서 아내가 아이들 자존심 다치는 말을 하면 항상 일깨워 주었다. '부모로부터 인격을 존중받지 못한 자식은 절대 바깥에서 다른 사람으로부터 인격을 존중받지 못한다.'

어머니가 외상으로 채운 소풍 가방은 또 돈은 유통의 수단임을 깨닫게 했다. 돈이 없다고 빈 소풍 가방으로 학교에 보내는 어리석음은 없어야 한다. 때에 맞춰 사전에 미리 준비되면 더 좋지만, 그렇게 되지 못할 경우라도 미래 가치를 신뢰로 설득해 돈을 빌려서라도 적절한 때에 맞게 투자해야 한다. 사실 이것이 사업의 기본이다. 그래서 훌륭한 사업가는 항상 큰 빚을 지고 있지만, 더 큰 빚을 내서라도 더 큰 꿈을 이루고자 한다.

결혼은 가정과 가정의 만남…
배우자를 선택할 때 부모님을 고려하라

과학원을 졸업하고 독일 유학에서 귀국한 26세의 청년인 나는 여러 곳에서 중매 요청을 받게 되었다. 나의 학력과 장래성이 높은 점수를 받아서인지 훌륭한 집안의 신붓감들을 여럿 소개받았다. 그러나 나의 부모님이 교육받지 못하셨고 집안이 넉넉하지 못하다는 이유로 나중에 부모님이 무시

당하는 결혼을 해서는 안 된다고 생각했다. 이를 사전에 막는 길은 우리 집 사정과 부모님을 잘 아는 가정과 결혼하는 것이었다. 가장 좋은 방법으로 부모님이 추천한 분과 선을 보기로 했다.

처가 쪽에서도 같은 생각이 있으셨던지 나의 귀국 소식을 들은 장모님은 주위의 여러 사람을 통해 나의 사람 됨됨이, 그리고 시어머니가 될 어머니의 인품에 관한 정보를 종합했다. 모두들 한결같이 어머니의 인품을 칭찬하자 나에게 당신 딸을 선보일 결심을 하고 귀국하는 날만 손꼽아 기다리고 있었다.

집사람에 대한 기억은 대학 1학년 여름방학 때 고향 버스 정류장에서 앞서가던 교복 입은 새침한 여학생의 모습이었다. 그런데 오랫동안 기억 속에 있었던 그 여학생이 선보는 자리에 성인이 되어 나타났고, 나는 더 이상 묻지 않고 결혼하게 되었다. 무엇보다도 같은 고향에 양가 부모님이 살고 계셔서 서로 집안 사정을 잘 알고 있으니 결혼 후에도 부모님을 잘 이해하고 섬기리라 생각되었다.

양가 모두 신랑과 신부의 행복만을 염원하는 소박한 바

람을 만족시킨 결혼이 성사된 터라, 결혼 후 양가 부모님이 서로 이해하고 양보하는 각별한 노력에 힘입어서 경제적으로 어려웠던 유학 생활과 이후 3년간의 소득 없는 대학 시간강사 기간을 큰 어려움 없이 마칠 수 있었다. 결혼 후 30년이 넘은 지금까지 영국, 일본 등 우리 가족이 체류하는 국가를 불문하고 매주 양가에서 보내주시는 밑반찬과 계절 음식 덕분에 아내의 음식 솜씨가 향상될 기회가 없었다. 양가의 든든한 믿음과 사랑의 울타리 덕분에 새 가정이 부딪히는 어려움을 막고 가장의 꿈을 키우는 데 큰 힘이 되었다.

부모님이 돌아가시기 전에 당부한 말씀은 꼭 지켜라

2002년 4월, 아버님이 돌아가셨다. 아버님은 돌아가시기 사흘 전에 죽음을 예견하셨다. 당시 나는 임종을 위해 곁을 지키고 있었는데, 그간 아버님이 걱정하실까 봐 사업을 시작했다는 말을 하지 않고 있었지만 돌아가시는 날이 얼마 남지 않은 마당에 그 말을 하지 않을 수 없었다. 내가 자초지종을 이야기하자 아버님께서는 빙긋이 웃으시면서 세 가지 당부를 하셨다. 그 웃음은 나에게도 당신처럼 사업가의 피가 흐르고 있구나, 피는 속이지 못하는구나 하는 동질감을 발견하고 지으신 것이라 생각되었다. 첫째, "현금은 피와 같다. 피가 없으면 생물이 죽듯이 현금이 없으면 기업은 망한다. 그러니 현금이 마르지 않게 군데군데 비축해야 한다"고 당부하셨다. 둘째, 아무리 현금을 마르지 않게 하고 싶어도 현금은 가두어 놓을 수도 없고 물처럼 빠져나가니 현금이 마르는 때를 겪을 수밖에 없다. 그런 때를 대비해 숨겨둔 다른 주머니도 말라버리면 돈이 씨가 마르는 상황을 겪게 된다. 그때 사업을 구할 수 있는 것이 신용이다. 평소에 신용을 쌓아두면 일시적으로 현금이 마를 때 극복이 가능하다." 여기까지 말씀하시고는 몸을 일으켜 달라고 했다. 돌아가시기 직전의 몸은 그야말로 피골이 상접해 낙엽처럼 가볍게 느껴졌다. 두 손으로 일으켜 세워드리자 다음과 같이 말씀을 이으셨다. "아무리 신용을 잃지 않고 싶어도 돈이 없으면 신용을 잃을 수밖에 없다. 돈도 없고 갚을 능력도 없으면 도망 다니지 말라. 채권자를 피할 수 있는 도피처는 이 세상에 아무 데도 없다. 단 한 군데가 있는데, 그곳은 채권자의 마음이다. 매일 출근하듯이 채권자를 찾아가서 짜장면도 사달라고 하고 술도 사달라고 하면서 귀찮을 정도로 얼굴을 보여라. 그래야 해결책을 얻을 수 있다." 이 말씀을 끝으로 누우셨고 다시는 일어나지 못하셨다. 나에게는 유언과 같은 말이었다. 이후로 아버님이 평생 체득하고 남기신 이 말을 깊이 새기며 살아가고 있다. 돌아가시기 직전에는 내 손을 잡고 "네가 이 집안의 기둥이니 부디 형님과 동생의 아이들까지 네가 길을 인도하고 그 자손들의 성공을 도와서 꼭 집안을 일으켜라"라고 당부하셨다. 나는 눈물로 아버지께 약속했다.

이 약속을 지키기 위해 나는 동생과 힘을 모아 형님 딸의 로스쿨 공부를 지원했다. 조카는 열심히 노력해 변호사가 되어 지금은 한전 사내 변호사로 근무하고 있다. 형님의 아들과 동생의 아들에게도 각각 회사에서 근무할 기회를 주었지만 이들은 각자의 꿈을 품고 회사를 떠났다. 그러나 지금도 바른길로 인도하기 위해 꾸준히 노력하고 있다.

아버님은 할아버지와 할머니 산소를 모신 곳에 장지를 정했다. 그 산은 내가 아버님과 함께 어릴 때부터 무던히도 오르던 산이었다. 내가 성인이 되어 독일에 유학 가기 전에도, 집사람과 결혼해서도, 영국으로 유학을 갈 때도 아버지와 함께 와서 할아버지 할머니 묘소에 인사를 드렸던 산길이었다. 아버님 장례를 치르고 나서 조문해 주신 분들께 다음과 같은 감사의 글을 보냈다.

감사의 글

저희 아버님 장례에 과분한 조위의 뜻을
전해주셔서 감사합니다.
저희 삼 형제에게 큰 위로가 되었으며,
황망한 가운데 조부, 조모님을 모신 선영의
마련해둔 자리에 모셨습니다.

고인은 금년 76세로 십수 년간 병고에 힘드셨으나,
마지막 가시는 길에 좋은 계절을 택하셨습니다.

청명 한식날 복사꽃과 진달래가 만발한
조부님과 조모님의 산소에 성묘하며
어릴 때는 아버님 손을 붙잡고, 커서는 멀찌감치 뒤따라서,
그리고 얼마 전까지 부축해 같이 오르내리던 길이었습니다.

같은 계절, 같은 길을 따라 아버님을 산소에 모시고,
제 아들의 손을 잡고 내려오면서 싸리한 추억에
저도 모르게 꽉진 손을 의아하게 바라보는 아들의 모습에
철없던 제 모습이 비쳐지고
이제야 이산을 오르내릴 때 왜 그리 제 손을 꽉 잡으셨던지
살아 계실 제 그 반의 마음을 헤아렸더라면...
가랑비 내리는 산길에 퍼질고, 목놓아 곡을 해도
아는 이는 저밖에 없었습니다.

아버님 병수발에 늘 자리를 지키시느라
편하고 즐거운 것을 모르고 사신
어머님께 못다한 정성을 쏟으렵니다.
그래도 늦게 철이 들어, 어머님이 살아 계시니

얼마나 감사한지 모르겠습니다.

부족한 저희를 위로해주셔서
다시 한 번 진심으로 감사드립니다.

2002년 4월
신동우 드림

02

사람은 아는 만큼 포용하고 깨달은 만큼 볼 수 있다

사람을 설득하는 데는 자신의 태도와 몸가짐이 중요하다. 바른 태도를 가져야 대화의 상대로 인정받을 수 있다. 왜냐면 모든 사람은 자존심이 있으므로, 하찮은 사람과 진지한 말을 하고 싶지 않기 때문이다. 그리고 상대방의 설명을 충분히 듣고, 그 입장을 먼저 이해해야 한다. 그래서 상대방 입장을 감안하고, 그 사람의 자존심을 다치지 않는 제안을 해야 한다. 모든 설득의 핵심은 상대방이 생각하는 프레임은 바꾸려 해서는 안 된다는 데 있다. 상대방의 프레임에 내가 맞춰 들어가서 대화해야 한다. 나의 프레임을 강요해서는 안 된다.

인생의 바른 성장을 위해서는 세 가지 요소가 필요하다고 경험상 믿고 있다. 첫째는 독서이고, 둘째는 대화이며, 셋째는 여행이다. 사람들과 대화하면서, 훌륭한 사람의 행동과 태도를 배우고, 자신을 반성해 나갈 때 생각이 비로소 실행력을 갖는다. 또한 여행을 통해 전혀 새로운 환경에서 전혀 새로운 관습으로 살아가는 사람들에게도, 사람을 판단하는 보편적인 기준이 어디서나 같음을 발견할 때, 시공을 초월한 세계인으로 성장하게 된다. 아프리카에서 존중받는 사람은 영국에서도 존중받을 수 있다. 여행은 세상 어디에서나 인간을 평가하는 기준이 대동소이함을 알게 해주고, 편견을 불식시키며, 다름을 인정하는 포용성을 키워준다. 그리고 삶에서 부딪히는 전혀 예측하지 못한 상황에 대한 두려움을 없애주고, 적응력을 향상시켜 준다.

좋은 책은 인생을 풍요롭게 하고, 세상을 보는 안목을 넓혀줄 뿐 아니라 전혀 별개의 사물과 사건의 연관성을 인식시키고 사고의 틀을 유연하게 한다. 세계적인 위인들 사이의 유일한 공통점은 이들이 모두 지독한 독서광이라는 점이다. 그러나 책을 많이 읽는 것은 이 세상에서 자신의 꿈을 펼치는 데 필수조건은 되나 충분조건은 아니다. 너무 책에만 빠져 있으면 문약해지기 쉽다. 용기와 행동력은 책을 통해서 향상되지 않는다. 행동하지 않으면 결국 얻을 수 있는 것은 없다.

인생에서 여행이 주는 의미에 관해 말할 때면 나는 다음의 예를 들려주고는 한다. 나는 26세에 독일 막스플랑크 연구소에 가기 전에는 해외여행 경험이 없었다. 1985년 독일에서 체류하는 기간 동안 그 당시 한국 사람들이 누리지 못한 유럽 전역을 여행하는 기회를 가졌다. 그 이후 지금까지 하루가 멀다 하고 외국과 한국을 구분하지 않고 여행하고 있다. 신기한 것은 처음 해외여행을 간 곳이 독일의 슈투트가르트에 있는 막스플랑크 국립연구소였는데, 20년 후 처음 사업을 시작한 곳도 바로 그 도시에 있는 독일 발전소였다는 점이다. 우연인 것 같지만 실은 내가 독일의 바로 그 도시에 살았던 경험이 있었기에 그곳 발전소에서 한국을 방문한 고객들과 친밀한 대화가 가능했고, 서로 호감을 가지게 되었으며, 그 도시에 대한 자신감이 그곳에 있는 발전소를

1985년 독일 슈투트가르트 막스플랑크 재료연구소에서

방문하는 용기를 가지게 한 것이라 생각한다. 이렇듯 여행은 우리가 모르는 사이에 우리의 운명을 인도하기도 한다.

성공하는 삶은 나쁜 습관을 좋은 습관으로 바꾸어 채워나가는 것

나의 경험으로 깨달은 성공하는 삶은 "늘 자신의 생활 습관을 반성하고 나쁜 습관을 좋은 습관으로 바꾸어 채워나가는 것"이다. 그러다 보면 자연스럽게 자신이 이루고자 하는 것이 이루어져 있다.

이 글을 쓰는 오늘 나의 하루 습관은 다음과 같다. 5시 반에 일어난 뒤, 토마토 세 알을 씻어서 끓는 물에 담근 후 스트레칭을 15분간 한다. 이후 토마토를 꺼내 식히고, 도덕경을 읽고, 운동 삼아 큰절을 하고, 반성하고 서원한다. 큰절을 하면 마음이 겸손해지고 온몸에 땀이 흐른다. 토마토를 갈아 먹고, 브로콜리와 견과류로 아침식사 준비를 한 후 7시경 어머니에게 안부 전화를 드린다.

오전 8시 10분에 회사 운동장에서 직원들과 아침 체조를 하고, 회사를 한 바퀴 돌며 직원들과 눈인사를 나누거나 작업 현장의 변화를 살피거나 생산 직원과 간단한 대화를 한다. 자리에 돌아오면 밤새 외국에서 날아온 이메일에 답

변하고, 한 달에 한 번은 회사 임원 또는 부서장과 식사를 한다. 그리고 살아오면서 은혜를 입었거나 만나 뵙고 대화하면 배울 점이 있는 훌륭한 분들은 두 달에 한 번 번갈아가면서 식사에 초대를 해 그분들의 의견을 듣는다. 세상에는 훌륭한 분들이 많다. 살아가면서 이들을 발견하고 자신의 생각에 대한 의견을 구하는 것은 삶의 지혜다.

결국 꼭 필요한 분들과의 만남을 습관으로 이어가고, 직업으로서 해야 할 중요한 일들은 정해진 시간에 해결하고, 가족들에게는 습관적으로 시간을 할애하며, 운동을 위해 아침과 저녁 시간을 배정해 산책·체조·헬스를 번갈아 하고, 최소 일주일에 두세 번 한 시간 이상씩 운동에 투자한다. 그리고 매일 기도를 통해 자신을 반성하는 습관을 갖는다. 특히 먹는 것은 검증된 식품을 최소한 하루 한 끼는 먹어야 정상적인 몸을 유지할 수 있다.

나는 기회가 있을 때마다 청년들에게 "해야 할 일을 손으로 적고, 이를 실행 한 후 지워나가는 습관을 가지면 남들보다 두 배 이상의 일을 하고도 두 배 이상 쉴 수 있다"고 말한다. 이는 지난 20년간의 경험으로 터득한 것이다. 실제

본사 정원에서 직원들과 함께

로 창업 이후 지금까지 나는 매년 해야 할 일을 연초에 적고, 매월 해야 할 일을 월초에 적고, 매주 해야 할 일을 한 주가 시작되는 일요일 저녁에 적고, 매일 해야 할 일을 적어놓고 실행한 다음에 지워나가는 습관을 반복해 왔다. 그리고 일주일, 한 달, 연간 단위로 계획 대비 실행한 일을 복기했다. 이렇게 하니 세 가지 직업(나는 가장도 직업이라 생각해 매주 할 일을 적고 확인해 나가고 있다)을 수행하면서도 주말에는 아내와 정기적으로 산책도 하고 중국어도 공부하고 영화도 볼 수 있을 뿐 아니라 고향에 회사가 있는 덕분에 어머니와는 최소한 일주일에 한 번은 점심식사를 할 수 있었다. 이렇듯 살아가면서 나쁜 습관을 좋은 습관으로 바꾸고 좋은 습관을 반복해 나가는 것이 더 나은 인생으로 가는 방향임을 나는 경험으로 터득했다.

겸손함을 갈고 닦는 것은 불행을 막는 훌륭한 방패가 된다

겸손한 인품은 자신도 모르는 사이에 사람들의 해코지로 인해 결정적인 기회를 놓치는 상황을 막아주는 훌륭한 방패다. 따라서 항상 몸에서 우러나오는 겸손함을 갈고닦아야 불행을 막을 수 있다. 이는 열심히 노력해 실력을 배양하는 것 이상으로 중요하다.

인생을 살아가는 동안 자신도 모르는 사이에 여러 인격

의 사람들과 어떤 인연으로 엮이게 되는데, 악연이 될 가능성이 있는 사람은 잘 판단해 처음부터 더 깊은 인연이 되지 않도록 해야 한다. 젊은 시절에는 사람을 많이 겪어보지도 못했고 쓰라린 경험도 부족해 사람에 대해 정확히 판단하기 어렵다. 그렇기에 어떤 사람에 대해 판단을 내리기 이전에 자신의 인격을 수련하고 겸손한 말과 태도, 행동을 취하면 어느 정도 악연이 깊어지는 것을 막을 수 있다.

케임브리지 대학에서 학위를 받고 서울의 원하는 대학에 교수 임용 신청을 했으나 뜻을 이루지 못했다. 교수 임용이 좌절된 것은 나에게 교훈을 주었다. 먼저 자기가 열심히 노력한다고 항상 그에 합당한 성과를 얻는 것이 아니라는 것이다. 교수 임용 좌절 전에는 공부만 하는 시기였으니, 자신이 열심히 한 만큼 그에 비례하는 학문적인 성과가 있었다. 그러나 교수 임용의 경우는 나로 인해 떨어지는 사람도 생기고, 나로 인해 상대적으로 평가가 절하되어 피해의식을 느끼는 사람도 있기 때문에, 이런 사람들이 어떤 형태로든 나를 음해할 수 있다는 사실을 염두에 두지 못했던 것이다. 내가 직접적으로 어떤 사람에게 피해를 주지는 않았지만,

나의 성취로 인해 간접적으로 피해를 느끼는 사람들도 있음을 알아야 한다. 이런 사람들의 악의적인 공격을 막는 방패는 평소의 생활에서 우러나오는 진정성 있는 겸손이다.

리더는 조직의 구성원과 현장에서 함께 위험을 감수해야 한다

어떤 조직의 대표를 맡고 있다면, 항상 그 조직에 대한 책임감을 가지고 구성원과 함께 위험을 현장에서 같이 부딪쳐야 한다. 그래야 리더의 말에 설득력이 생기고 지도력을 발휘하게 된다.

고3 가을 어느 날, 학교 가는 버스를 놓쳐서 처음 지각을 하게 되었다. 그런데 교실에 들어가니 우리 반 학생이 아무도 보이지 않고 반장만 남아 있었다. 그때 나는 당시 학생 회장격인 학도 호국단 연대장을 맡고 있어서 반장 자리는 다른 학생에게 넘겨주었다. 반장의 말인즉 아침에 담임이 출근하자마자 담임 선생님이 우리 반 아이들을 운동장에 집합시켜 단체로 몽둥이찜질을 한 다음, 당신 자전거를 펑크 낸 놈을 찾아내지 않으면 오늘 하루 종일 수업을 포기하고 찾아낼 때까지 단체기합을 주겠다고 으름장을 놓고서 교직원회의에 들어갔다는 것이었다. 선생님의 체벌이 두려워진 아이들은 상의 끝에 하루 종일 맞느니 고3이어서 대입 시험 준비한다고 가을 소풍도 못 갔는데 이 기회에 소풍을 대신해 근처 산에서 모이기로 하고 도망쳤다는 것이다.

직원회의에서 교실로 돌아온 담임은 반장과 나를 보더니 당황한 눈빛으로 아이들을 찾아오라고 명령했다. 반장은 곧장 아이들이 있는 산으로 갔지만, 나는 순간 복잡한 생각이 들었다. 만일 내가 산에 가서 아이들을 설득하지 못하고 학교에 돌아오면 담임 선생님께 아이들이 있는 곳을 알려줘야 하고, 그러면 아이들에게 배신자로 찍히게 된다. 그러나 아이들이 있는 곳에 가서 그들과 어울리고 학교에 돌아오지 않는다면 무단결석을 하게 되고, 그간 나를 믿어왔던 선생님을 배신하게 된다. 그리고 학비가 들지 않는 사관학교 진학을 계획했던 나에게 무단결석은 큰 결함이 될 수도 있다는 생각이 들었다. 이러지도 저러지도 못하고 있는 사이다시 집 대문으로 들어온 나를 발견하게 되었다.

이때 살아오면서 가장 크게 아버지의 중요성을 실감한 사건이 발생한다. 그리고 이 사건은 그 이후 개인의 이익과 대의 명분 사이에 갈등을 느낄 때 항상 대의명분을 선택하게 한 중요한 삶의 지침이 되었다.

집에 돌아오니 아버지가 마침 집에 계셨다. 그리고 학교 간 아이가 왜 이 시간에 집에 왔느냐고 물으셨다. 자초지종을 아버지에게 말씀드리고 제가 어떻게 하는 것이 좋겠냐고 물으니 웃으시면서 이렇게 말씀하셨다. "산으로 가서 친구들과 있다가 같이 내려오거라." 왜 그렇게 해야 하는지 설명이 되지 않았지만, 그 말씀을 따라 친구들이 있는 산으로 갔고, 내내 불안한 마음으로 같이 있다가 해가 지고 어둑한 시간에 같이 산에서 내려왔다.

아버지의 "산으로 가서 친구들과 같이 있다가 오라"는 말씀은 학생들의 대표로서 그 역할을 잘 수행하기 위해서는 학생들의 마음을 얻어야 하고, 그러기 위해서는 그들과 같이 위험을 감수해야 하는 책임감을 가져야 한다는 지혜로운 가르침이었다. 그 이후 대표의 역할을 부여받았으면,

철저히 그 구성원에 대한 책임감을 가지고, 같이 현장에서 위험을 감수해야만 나중에 어떤 설득을 하더라도 명분이 있음을 경험하게 되었다. 아버지의 "산으로 가서 친구들과 같이 있거라"라는 말씀과 어머니의 '외상으로 채운 소풍가방'은 자식에게 아버지의 역할과 어머니의 역할이 다름을 알게 했고, 인생에서 큰 교훈이 되었다. 지금도 복잡한 선택의 기로에 있을 때 아버지와 어머니가 가르쳐주신 이 두 가지 지혜를 생각하고 이에 맞게 행동하려 한다.

운명은 이에 순응하는 자는 태우고 가고
이에 항거하는 자는 끌고 간다

'운명은 이에 순응하는 자는 (수레에) 태우고 가고, 이에 항거하는 자는 (머리를) 끌고 간다.' 하는 일마다 잘된다는 사람과 하는 일마다 꼬이고 되지 않는 사람의 차이는 그 일이 자신의 성격에 맞는 일인가 아닌가에 달려 있다. 내가 즐거움을 느끼는 일, 내가 남들보다 빠르고 정확하게 할 수 있는 일, 그리고 내가 커온 환경에 잘 맞는 일이 곧 내 운명과 연관성이 큰 것이다. 그런 일이 무엇인지 지나온 일들을 잘 돌이켜보고, 어떤 일을 하면 남들보다 더 잘할 수 있는지 살펴야 한다.

어떤 일을 하면 할수록 개인의 장점이 진가를 발휘하고 더 열정을 쏟아 부을 수 있는 일이 곧 그 사람의 운명이다. 그러기 위해서는 각자 타고난 장점이 무엇인지, 그리고 공부해 오면서 어떤 공부가 노력에 비해 점수가 잘 나오는 과목이었는지, 그리고 어떤 과목이 공부하는 시간에 비해 성적이 않나오는 과목인지, 내가 사람들과 사귈 때 나는 다른 사람에 비해 어떤 점에서 사람들이 호감을 가지는지, 부모님이 나를 얼마만큼 지원할 수 있는지 등등. 이제까지 살아오면서 장점과 단점을 죽 열거해보고, 장점을 잘 살릴 수 있는 일에 매진하는 것이 곧 운명에 접근하는 길이다. 무엇보다 중요한 것은 하면 할수록 동기가 점점 부여되는 일이 제대로 발견한 자신의 운명이라고 하겠다.

오랫동안 우정을 지켜가는 힘은 절제

청년기에는 대체로 순수한 마음으로 사람을 대하기 마련이다. 그러나 너무 어려운 사람에게 무조건적으로 베풀다 보면 오히려 그 사람의 열등의식을 부추겨 감사하는 마음을 갖기는커녕 나중에 화근이 되는 경우도 있다. 가난한 집안에서 태어났지만 바른 생각과 의지로 이를 극복하고 훌륭하게 성공한 분들도 많지만, 간혹 지독한 가난은 심성을 파괴하고 비뚤어진 인격을 형성하는 원인이 되는 경우도 있다. 그리고 과한 베품은 베풀지 않은 경우보다도 못한 결과를 가져올 수 있음을 경험했다. 덕과 선을 베푸는 데도 절제하는 힘을 가져야 한다. 그리고 절제의 힘은 가정에서 부모님을 통해 교육된다.

김광욱 박사는 대학 1학년 때 처음 인연을 맺고 항상 나의 삶에 모멘텀이 있을 때마다 늘 곁에서 함께해준 형제 이상의 친구다. 결혼식에는 피아노를 전공하신 김 박사의 어머니께서 실내악 연주자를 불러 분위기를 살려 주셨고, 영국 유학을 떠나던 날도 공항에 배웅해 주셨고, 영국 유학 후 변변한 직업이 없을 때, 우리 부부를 대전에 불러서 호텔에 재워 주며 격려해 주었고, 아버님 장례 때는 장지까지 오셔서 위로해 주셨고, 진주에 처음 나노를 준공하던 날도 자리를 지켜 주셨으며, 상주에서 나노를 확장해 이전하던 날도 같이 있으면서 격려해 주셨다. 두 사람이 살아 있는 한 진심으로 서로를 위하고 도움이 되도록 노력하는 그런 친구다.

김광욱 박사의 아버님은 6·25 전쟁 중에 가족을 이북에 두고 단신으로 월남하신, 의지가 굳고 신념이 강한 분이셨다. 김 박사 어머니는 부산대 법대 교수를 지낸 아버지께 교육 받으시고 서울대에서 피아노를 전공하신 분이셨다. 김 박사는 삼 형제 가운데 막내였는데, 집에 갈 때마다 김 박사 아버님께서 특별히 반겨 주셨고, 어머니 또한 자상하게 맛있는 음식을 많이 챙겨 주셨다. 김 박사님 부모님들이 보여준 서울 가정의 친절한 배려는 과하지도 부족하지도 않은 친절이어서 배울 점이 많았다.

김 박사는 대학 2학년 때 화공과를 선택해 나와 같이 과학원에 입학하고, 그 후 원자력연구소에서 연구원으로 재직하고 있다. 원자력연구소 연구원 가운데 가장 많은 연구

업적을 낸 국가 과학자다. 김 박사의 장점은 무엇이든 자신이 노력한 만큼의 대가만 취하지 그 이상의 것을 기대하지 않는다는 것이다. 언젠가 내가 진주에 모셨는데, 비행기 표를 끊어 주겠다고 제안했음에도 굳이 버스를 타고 가시겠다고 고집하시는 것을 보고 김 박사 아버님을 연상케 했다. 김 박사 아버님께서도, 대전에 있는 김 박사 댁의 손자 손녀를 보러 오실 때 김 박사가 새마을호 기차 표를 끊어 주어도 창구에 가서 통일호 좌석으로 바꿔서 가시던 분이셨다. 김 박사는 분수에 맞는 생활을 하시면서 매일매일 하나씩 깨닫는 삶을 지향하신다. 배울 점이 참 많은 친구다.

청년 시절에 만나서 40년 가까이 우정을 나누고 있는 이민구 원장은 할아버지, 아버지, 이 원장에 이르기까지 3대에 걸쳐 항문과 진료를 이어온 개업의 가계다. 이 원장 모친께서는 친구들이 우르르 몰려가서 북적거려도 늘 다정하고 반갑게 대해 주시고 맛있는 국을 끓여 대접해 주셨다. 넉넉한 집안임에도 불구하고 검소하고 절약하는 습관이 배이셔서 이 원장 역시 경우에 맞는 적절한 지출을 벗어난 적이 없다. 친구들을 넉넉하게 태우기 위해 덩치만 큰 중고차를 고집하고 옷차림도 수수하다. 친구에게 폐를 끼치는 부탁을 하는 일은 없지만 밥값은 늘 자기 몫이다. 비싸지 않지만 맛있는 밥집을 물색하는 수고를 아끼지 않는다. 자주 만나서 허심탄회한 시간을 가져도 부담을 느낄 일이 없었기에 오랫동안 우정을 유지할 수 있었다.

03

적성에 맞는 공부를 하라

중년에 접어들어 주변의 성공한 사람들을 돌아보니 다음 조건을 만족하는 직업을 선택한 경우가 많았다. 첫째로 자기가 좋아하는 일을 하고 있고, 둘째로 그 일에 남다른 재능이 있으며, 셋째로 새로운 시대 환경이 그 준비된 탁월한 재능을 필요로 하는 경우다. 세 번째 요소는 운으로 돌린다 하더라도, 나머지는 애초에 자신이 충분히 판단하고 선택할 수 있는 것들이다.

오래전 국민 요정 김연아 선수가 벤쿠버 올림픽 때 프리스케이팅 경기를 마치고 가신 짤막한 인디뷰에서 던진 말이

기억에 남는다. "대부분의 시간은 힘들고 고통스럽죠. 그에 비해 기쁜 시간은 짧지만, 그래도 힘든 준비를 하지 않으면 그 기쁨이 없기에 더 열심히 노력해야죠." 당시 스물한 살 처녀가 인생을 바르게 살아가는 가장 확실한 답을 갖고 있다는 것이 금메달감이다.

사회적으로 성공한 분들의 삶은 대부분 힘들고 고통스러운 기간으로 채워져 있다. 성취가 주는 기쁨은 잠시이고, 다시 새로운 목표를 향해 준비하고 노력해 간다. 심리학자의 연구에 의하면, 생을 걸고 지독하게 노력해 원하는 목표를 달성했을 때, 그 기쁨이 지속되는 시간은 길어야 3개월이라고 한다. 10년 공부해 사법시험에 합격했을 때도, 10년을 저축해 내 집을 마련했을 때도 행복감이 3개월을 넘지는 않고, 그런 행복의 기회가 인생에서 서너 번 있다면 성공한 인생에 속한다고 한다. 결국 가장 성공한 인생의 경우에도 가슴이 뛰는 행복의 지속 기간은 인생 전체에서 1년 남짓한 기간에 불과하다. 목표를 성취하고 지난 여정을 반추하며 스스로 대견함을 느끼는 행복한 기간을 의미한다.

그러나 마이크로소프트, 구글, 애플의 창업자는 목표를

달성하는 데 인생의 의미를 두고 그 목표를 성취하는 과정을 고통스럽게 참고 견딘 것이 아니다. 그들은 좋아하는 일을, 그리고 남들보다 잘할 수 있는 일을 선택했다. 그리고 스스로 도전하고 극복해 나가는 과정을 즐기는 가운데 자신도 예상하지 못한 결과를 얻게 된 것이다. 올림픽에서도 금메달을 목표로 모든 고통스러운 훈련을 참아야 하는 강박감을 갖고 있는 선수보다는 경기 그 자체를 자기 극복의 과정으로 받아들여 훈련과 경기를 즐기려 하는 선수가 메달의 강박에서 탈피해 오히려 더 좋은 결과를 얻을 수 있었다.

3월이 되면 대학 교정은 새내기로 채워지고, 이들이 뿜어내는 희망과 혼돈의 분위기가 지난겨울의 침묵을 녹여내곤 한다. 대부분의 신입생은 자신이 선택한 전공에 대해 확신을 가지지 못하고 있다. 그리고 대부분의 재학생 또한 예외가 아니다. 그럼에도 불구하고 성공적인 대학생활은 학점을 잘 따고 영어 공부를 열심히 해 남들보다 더 나은 직장에 취업하는 데 맞춰져 있다. 내가 선택한 전공이 공부하면 할수록 재미있고, 그래서 자발적으로 열심히 공부하게 되고 그 결과 당연히 좋은 학점을 받을 수 있는 과정이 아니라 좋은 학점이라는 결과만을 힘들게 쫓고 있다. 영어 실력 향상을 위해 대부분의 방학 시간을 할애하고, 심지어 휴학을 해서라도 해외연수를 다녀오는 일은 당연시하지만, 정작 내가 영어를 꼭 필요로 하는 직장을 얻을 수 있는 가능성에 대해서는 고민하지 않는다.

더 좋은 학점을 따기 위해 발버둥치기 전에 내 전공이 나의 흥미를 유발하고 있는지 먼저 진지하게 고민해야 한다. 그리고 공부를 해나가는 과정에서 성취감을 느낄 수 있는 분야를 선택해야 한다. 영어 공부에 시간을 올인 할 것이 아니라, 영어를 포기하더라도 내가 정말로 하고 싶고 잘할 수 있는 분야를 선택한 뒤 그 과정에 몰입해 전념할 때 그 성과는 영어 공부 이상의 결과를 가져다 줄 것이다.

더 높은 학점과 더 나은 영어 실력이 장기적으로 더 좋은 직장을 보장해주지는 않는 경우를 수없이 보아왔다. 내가 하고 싶은 공부를 하고 내가 잘할 수 있는 분야에 몰입해야 더 행복한 인생을 살 수 있다. 대학에 입학하는 신입생은 다시 한 번 전공이 자기 적성에 얼마나 부합되는지 고민해 볼 필요가 있다. 그리고 탐색 기간을 거쳐 전공 선택의 이유

"더 좋은 학점을 따기 위해 발버둥치기 전에 내 전공이 나의 흥미를 유발하고 있는지 먼저 진지하게 고민해야 한다. 그리고 공부를 해나가는 과정에서 성취감을 느낄 수 있는 분야를 선택해야 한다. 영어 공부에 시간을 올인 할 것이 아니라, 영어를 포기하더라도 내가 정말로 하고 싶고 잘할 수 있는 분야를 선택한 뒤 그 과정에 몰입해 전념할 때 그 성과는 영어 공부 이상의 결과를 가져다 줄 것이다."

를 보다 튼튼히 해야 향후 원하는 결과를 얻을 수 있다. 그리고 영어에 대한 강박감은 훌훌 털어버리고, 그 시간에 내가 정말하고 싶었던 분야를 선택해 즐겁게 노력해보라.

대학 졸업장에 인생을 기대하지 마라

마이크로소프트 창업자인 빌 게이츠와 페이스북의 창업자인 마크 저크버그는 왜 하버드 대학을 중퇴했을까? 짧은 대학 생활에서 그들은 인생의 방향을 확실히 찾았기에 졸업장은 더 이상 의미가 없었을 것이다. 대학에서 기업가의 실력을 쌓은 것은 아니다. 그들은 어린 시절부터 재능을 맘껏 발휘할 수 있는 초·중·고교와 가정에서 마음껏 소프트웨어 프로그래밍을 경험할 수 있었고, 대학 입학 전에 학교 공부와 병행해 프로그래밍에 충분히 오랫동안 심취했다. 그리고 대학 재학 중 확실히 진로를 찾은 순간 포용적인 부모의 응원에 힘입어 대학을 포기하고 자신들이 찾은 진로에 집중했던 것이다. 이제 그들에게 대학 졸업장은 더 이상

빌 게이츠(왼쪽)와 마크 저커버그(오른쪽)

의미가 없었다. 그리고 수십 년이 지난 후에 두 사람 모두 하버드 졸업식에 초청되어 명사 연설을 하고 뒤늦게 졸업장을 받는다.

만약 빌게이츠와 마크 저크버그가 한국에서 태어났다면 어땠을까? 부모님의 강압과 사회 분위기에 굴복해 하고 싶은 재능을 뒤로 미루고 열심히 학업에 전념해 소위 명문대를 졸업한 뒤 대기업 연구원 내지는 의사로 살아가는 평범한 시민이 되었을 것이다. 그리고 세상을 변화시키는 꿈을 꾸기보다는 이번 주말에는 어디에서 어떤 맛있는 음식을 먹을 것인지만 고민하는 청년이 되었을 것이다.

대졸 부모는 자기 자식도 대학을 졸업해야 한다고 민

고, 그러지 못한 부모는 자식이라도 명문대를 졸업해 주기를 고대한다. 태어나서부터 명문대라는 동일한 목표점을 향해서 돈과 시간을 투자하고, 그 목표를 달성하고도 취직하지 못하면 사회를 탓한다. 한국 실업자 가운데 대졸자 비율은 45%로 절반에 가깝다. 20년 전에 비해 거의 두 배로 늘었다. 열심히 사교육에 투자하고, 명문대를 졸업해, 더 좋은 직장을 얻는 공식은 급격히 깨지고 있다. 이제 한국에서 대학 졸업장은 아무것도 보장해 주지 못한다.

미국 심리학회장인 마틴 셀리그만은 저서 『긍정 심리학』에서 인류 역사를 통틀어 그간 우리 인간을 행복한 삶으로 인도하는 데 기여한 종교와 철학, 그리고 인문과 경험을 정리하면 다음 여섯 가지 덕목의 카테고리로 분류할 수 있다고 한다. 1) 호기심, 학구열, 판단력, 창의성 등으로 세분되는 지혜와 지식의 덕목, 2) 호연지기, 끈기를 포함하는 용기, 3) 친절함을 갖춘 사랑과 인간애, 4) 시민정신과 지도력을 포함하는 정의감, 5) 자기통제력, 겸손을 갖춘 절제력, 6) 감사, 희망, 용서, 유머, 열정을 추구하는 영성과 초월성이다.

이러한 덕목의 조화로운 완성을 추구하기 위해 노력하

는 것이 우리들 삶의 의미라면, 오늘 대학이 기여하는 바는 필요한 덕목의 미세한 일부분에도 지나지 않는 '지식' 정도에 불과하다. 『사피엔스』의 저자인 유발 하라리 이스라엘 히브리대 교수는 "지금 학교에서 배우는 지식의 80~90%는 아이들이 40대가 되었을 때 별로 필요 없는 것일 수 있다"고 했다.

유발 하라리

내가 참여하고 있는 대학미래위원회에서는 앞으로 등록금을 내고 다니는 대학은 없어지고, 학비를 내지 않는 연구 중심 대학만 남게 될 것이라는 결론을 얻은 바 있다. 체계화되고 정리된 지식, 예를 들면 수학, 물리학, 화학, 물리화학 등의 과목은 인터넷에서 얼마든지 세계적인 석학으로부터 수준 높은 강의를 무료로 수강할 수 있다. 이들 과목에 대해서는 굳이 대학의 특정 학과에 소속되어 등록금을 내고 수강할 필요 없이 영어의 토익이나 토플처럼 공인된 평가기관으로부터 성적을 받아 제출하는 것으로 대체할 수 있게 되는 것이다. 대학에서는 교양과목을 개설할 필요가 없어지고 이를 가르치는 교수를 고용하지 않아도 된다. 그리고 대학이 학생을 선발하는 것이 아니라 개개의 교수가 학생을 직접 선발하고, 학위에 상관없이 연구프로젝트에 참여한 경력과 그 실적으로 학생이 직업을 구하는 미래가 머지않았다. 이 경우 모든 교수는 연구 과제를 갖고 있어야 하고, 연구 과제가 없는 교수는 학생을 받을 수 없다. 연구비는 정부나 기업에서 지원하게 되므로 시장에서 요구하거나 국가의 미래를 위해 투자해야 할 분야가 아닌 연구는 하지 않게 된다. 학생은 학비를 내지 않는 대신 연구에 참여해 실적을 내야 한다. 미래 대학은 매우 효율적인 연구 집단이 될 것이다. 대학의 핵심은 연구 역량이 있는 교수를 확보하는 것에 달리게 될 테고, 그렇지 못할 경우 학생을 선발하지 못해 도태될 것이다. KAIST의 이광형 교수는 대학의 이런 연구 중심 집단으로의 변화가 20년 내에 현실화될 것이라고 예측했다.

오늘 한국 대학은 이름과 학위를 제공하고, 학생들은 전공 커리큘럼과는 상관없는 각종 영어 시험, 어학 연수, 자격

시험에 몰두하며 제 스스로 각자도생할 궁리를 하고 있다. 문과 학생의 목표는 각종 고시와 법학전문대학원·공기업·공무원·대기업·MBA이고, 이과 학생의 목표는 의학·치의학·약학 대학원이다. 이 수험 준비를 위해 편한 학점을 골라 수강하고, 졸업 후에는 수년씩 백수를 감내하는 것이 오늘날 대학생의 현실이다.

전국의 4년제 대학의 전공 커리큘럼은 미국 최우수 대학의 전공 커리큘럼과 크게 다르지 않다. 학생의 수준이나 진로와는 상관없다. 왜냐면 교수들이 그런 내용으로 우수한 대학에서 공부했기 때문에 당연히 같은 수준으로 교육시켜야 한다고 생각하기 때문이다. 졸업생의 상당수를 데려가는 기업들이 필요로 하는 교육 내용과는 거의 무관하다. 그래서 대학 교육의 수준과 학생의 눈높이, 그리고 기업의 요구 사항은 늘 엇박자를 내고 있다.

결국 오늘날의 대학은 기업이 필요로 하는 살아 있는 지식도, 영혼을 일깨우는 덕목도 가르쳐주지 못하고 있을 뿐 아니라, 결국 그 졸업장마저 의미가 없는 백수를 양산하고 있다. 오늘의 한국 대학에 청년의 인생을 기대하지 마라.

좋은 직업이 더 보람된 것은 아니다

우리나라에서 교수라는 직업, 특히 국립대학 교수는 가히 직업의 관점에서는 으뜸이라 할 만하다. 시초를 다툴 급한 일도 없고, 간섭도 없으며, 늘 자기가 하던 일이자 좋아하는 일(연구)을 하면 꼬박꼬박 급여가 나온다. 65세까지 정년이 보장되고, 정년 후에는 노후생활을 하는 데 지장이 없을 만큼 연금이 나오며, 본인이 사망해도 배우자에게 연금의 60%가 지급된다. 학교에서 학생들에게 인사 받고, 사회에 어떤 자리에 나가서도 아쉬운 소리 할 필요 없으며, 언제나 일정 수준 이상의 대접을 받는다.

그러나 모든 면에는 명암이 있다. 무슨 일을 하더라도 절실함이 결여 되어, 말이 앞서고, 실행력이 부족하게 될 수도 있다. 공무원은 그 조직에서 지켜야 할 의무와 책임이나마 명백하지만, 교수사회는 조직 사회가 아니므로 귀중한 시간을 무한정 게을리 해 자칫 낭비할 수도 있다. 사실 일주일에 9시간 강의 외에 방학이 연간 5개월 가까이 되니, 자칫 남아도는 것이 시간이다. 이 시간을 메꾸기 위해 어떤 분은 이것

저것 취미 생활을 시도해 보기도 하고, 연구 및 봉사도 하지만 이러한 활동이 실제 사회에 기여하는 정도는 크지 않다. 가장 편한 직업이지만, 경쟁력을 갖자면 끊임없이 자발적인 동기를 부여해야 하는데, 시간이 지나면서 그럴 필요를 느끼지 못하게 되어 혜택만큼 큰 기여를 하지 못하고 퇴직하는 경우도 있다.

교수의 경우 대학에서 강의와 연구에 충실 하면서 전문지식을 활용해 사회에 봉사하고 기여한다면 바람직하겠으나, 명예를 위해 관료 조직의 수장을 맡게 된다면 기여보다는 결과적으로 사회에 피해를 주는 경우가 많다. 그 이유는 첫째 대부분의 교수는 교수가 되기 이전에 조직사회를 경험한 경우가 드물기 때문이다. 석·박사를 거치고 강사나 연구소에서 일하면서, 교수가 되기 위해 논문을 쓰는 데 전력했을 것이다. 관료 조직의 수장으로서 갈등의 요소가 큰 이해관계를 조정하는 업무 능력은 대학에서 보직교수 정도의 경험으로는 부족하다. 둘째, 교수 출신은 이론에 근거해 주요한 정책을 나열하는 것은 탁월하나 무엇이 더 중요하고 덜 중요한지 상황에 따라 우선순위를 정하고 이를 효율적으로 실행하는 방법을 모색하는 능력이 부족하다. 이는 대부분 실무 경험과 현장감 부족 때문이다. 셋째는 진심으로 상대방의 이야기를 경청하는 훈련이 되어 있지 않다. 학생들에게 일방적으로 전달하거나, 어떤 자리에서나 전문가로서 대접 받아 왔기 때문에, 토론의 현장에서 상대방의 말을 경청하고, 자신의 생각이 틀렸다고 인정할 수 있는 열린 마음을 기대하기 힘들다. 마지막으로 교수 출신은 잘못으로 인해 책임지는 것이 원래 자리로 돌아가는 것이다. 이런 모습은 조직의 리더로서 신뢰를 얻기 힘들다.

교수라는 직업과 지방에 위치한 중소기업의 사장이라는 직업은 가히 천국과 지옥의 차이라고 할 수 있다. 대학교수가 보장된 직업이라면, 중소기업 사장은 아무것도 보장된 것이 없이 무(無)에서 유(有)를 만들어내야 하는 직업이다. 사람들과 더불어 제품을 만들고 이를 시장에 팔아야 한다. 시장은 냉정하다. 가격, 품질, 서비스에서 다른 제품보다 좋아야 팔린다. 그렇지 않으면, 우리 제품 밖에 없는 새로운 시장을 창출해야 한다. 이를 이른바 혁신 제품이라고 한다. 소니의 워키토키와 워크맨, 아이리버의 초기 MP3 플레이어,

애플의 아이폰 등이 그런 제품들이다. 이런 제품은 10년에 하나 나올까 말까 하며, 수많은 시행착오 끝에 출시된다.

나는 가끔 허물없이 지내는 친한 친구들에게 이런 말을 한다. "내가 만약 교수라는 직업만을 가지고 살다 정년퇴직했다면, 나는 세상과 사람에 대해 실제는 알지 못하면서 잘 알고 있다고 생각하고 죽었을 것이다." 사실 교수는 다른 사람에게 별로 아쉬운 소리를 할 필요가 없는 직업이다. 그리고 모르면 아무 말 없이 가만히 있기만 해도, 뭔가 할 말을 아끼고 있다고 대접해주는 것이 우리 사회다. 교수는 이익이 첨예하게 부딪히는 극한의 상황이 아닌, 충분히 인간의 본성을 감출 수 있는 여유가 있는 상황에서 사람들을 만난다. 교수는 직업적으로 인간의 선함과 악함, 이익과 욕망, 경쟁이 가감 없이 부딪치는 진짜 삶의 현장과는 한 걸음 벗어나 있다. 그러나 비즈니스에서는 인간의 이익과 욕망이 첨예하게 부딪치고, 그러기에 편견과 비난, 부정직과 기만 등 인간의 나쁜 면을 설명하는 온갖 단어가 돈의 유혹에 이끌려 이성의 통제를 벗어나 슬금슬금 밖으로 나온다. 그래서 교수보다는 기업가(또는 장사꾼)가 인간 본성에 대해 보다 정확하게 경험할 기회를 갖게 된다. 기업인으로서 지난 18년의 삶은 사람과 세상을 제대로 볼 수 있는 시간이었다.

외국 문화를 이해하는 가장 좋은 방법은 그들과 팀이 되어 일하는 것

1985년 2월 과학원을 졸업했는데, 모교인 한양대학교와 독일 막스플랑크 재료연구소 간에 국제 공동연구가 성사되자 이 독일 연구소에 파견할 연구원으로 선택되어 그해 6월에 독일로 출국했다. 스물여섯 살 총각이었던 나에게는 새로운 세계를 경험하는 도전이었다.

독일 막스플랑크 연구소에서 1년간의 연구 생활은 세상을 눈뜨게 한 인생의 중요한 전환점이 되었다. 먼저 세계에서 가장 뛰어난 업적을 가진 연구자들을 접하고 대화하는 계기가 되었고, 이를 통해 학문 그 자체에 몰두해 재미를 느끼고 자부심을 가지는 계기가 되었다. 당시 슈투트가르트에 소재한 독일 막스플랑크 재료연구소는 막스플랑크 물리연구소에 붙어 있었는데, 전 세계 재료 관련 학자들이 수시로 드나들면서 공동연구를 수행해서, 책에서만 우러러 보던 분들과 쉽게 식사도 하고, 담소노 나누면서, 배우며 연구하는 즐거움이 매우 컸다. 그리고 장학금으로 받은 충분한 돈으로 독일뿐 아니라 유럽 전역을 여행하면서 다양한 삶과 다양한 문화에 대해 새로운 경험을 하게 되었고, 이는 훗날 세계인을 상대로 사업을 하고 대화하고 그들을 문화를 이해하고 편하게 응대하는 데 중요한 자산이 되었다.

당시 나의 주요 연구 내용은 '어떻게 하면 잘 깨지지 않는 세라믹을 만들 수 있는가'였다. 그때는 '오일 쇼크'라 할 정도로 원유 값이 하늘 높은 줄 모르고 뛰어오르던 시절이었다. 베럴당 수 달러 하던 오일 값이 하루아침에 20달러로 치솟자 오일을 가장 많이 소모하는 자동차 엔진의 열효율 향상은 매우 중요한 과제로 대두되고 있었다. 실제로 1986년 독일 트라붸뮨데에서 열린 국제 세라믹 엔진 학술대회에 참석해보니 메르세데스 벤츠에서는 세라믹으로 엔진을 만들어서 슈투트가르트에서 함부르크까지 자동차를 몰고 와 전시하기도 했다. 이런 가능성에도 불구하고 30년이 지난 지금은 아무도 세라믹 자동차 엔진을 언급하지 않고 실현성도 없다고 생각하니, 하나의 소재가 실용화되는 데는 오랜 시간 동안 많은 시행착오를 겪는 것을 알 수 있다.

1985년 독일에서는 금요일 오후 2시만 되면 주말 연휴에 들어갔다. 이렇게 짧은 시간 일을 하고도, 탁월한 생산성을 내는 독일의 노동 관리 체계가 궁금했는데, 독일에서는 사람이 해야 되는 일과 기계가 할 수 있는 일을 철저히 분리했고, 이를 잘 결합해 최소한의 노동력으로 최대한의 실적을 낼 수 있도록 부단히 노력하고 있었다.

1986년, 연구소에서 갑자기 사내 방송이 나오더니 오늘 노벨 물리학상 발표가 있는데 우리 연구소 중 한 분이 수상자로 결정되면 연구소 잔디밭에서 파티가 있다는 내용이 공지되었다. 그리고 오후 3시쯤 막스플랑크 물리연구소의 클라우스 폰 클리칭(Klaus von Klitzing) 교수가 양자 홀 효과(Quantum Hall effect)를 발견한 공로로 노벨 물리학상 수상자로 결정되었다. 모든 연구원이 잔디 정원으로 나가 보니 벌써 독일 대통령이 헬기를 타고 와서 축하 인사를 건네고 있었다. 모두들 맥주를 마시고, 서로 어깨동무를 하고서 연못

클라우스 폰 클리칭

을 돌며 흥겹게 축하했다. 멀리서 보니 수상자는 나와 늘 아침을 같이 먹던 그 교수님이셨다.

노벨상은 그저 먼 나라 이야기인 줄 알았는데, 이렇게 손에 잡히는 가까운 곳에 있음을 실감했다. 파티가 끝나고, 별이 총총한 하늘을 보며 숙소로 돌아오는 길에 새로운 결심을 했다. 이제까지는 부모님께 자랑스러운 아들이 되는 것이 목표였는데, 지금 부터는 공부 그 자체를 인생의 목표로 삼아 세상에 도움이 되는 학문하는 인생을 살겠노라고 결심했다. 그리고 학문을 가장 학문답게 한 대학은 노벨상 수상자가 많은 학교라 생각해 전 세계에서 노벨상 수상자가 가장 많은 대학을 찾아보니 케임브리지 대학교가 단일 대학으로 70~80명의 수상자를 배출했음을 알게 되었다. 그래서 독일에서 1년간의 연구 기간이 끝나는 대로 케임브리지 대학으로 유학을 떠날 결심을 하게 되었다.

돌이켜보면 나이 26세 1년 기간 동안 독일에서의 연구 생활은 인생의 큰 전환점이 되었다. 세계 최고의 연구소에서 석학들과 공동연구를 한 자부심과 학자로서의 인생의 새로운 목표를 정한 전환점, 그리고 여행을 통해 세계 문화와 역사, 다양한 삶을 인식해 새로운 인생관을 갖게 된 귀한 시간이었다.

영국은 역사, 문화, 교육이 수익 모델인 나라

청년은 모든 것이 불안정한 시기다. 불안정은 불안을 낳고, 불안은 조급함을 낳는다. 모든 실패의 대부분의 원인은 제대로 준비되지 않은 조급함에서 온다. 나에게 영국 유학 시절은 힘든 시기였다. 경제적으로도 제한된 비용 내에서 어떻게든 빨리 학위 과정을 끝내야 한다는 강박 관념이 있었고, 학위를 받고 나서도 보장된 길이 없었기에 모든 것이 불확실한 상황이있다. 특히 가정을 가진 가장으로서 불확실한 상황을 빨리 종료해야 한다는 조급함이 매우 컸다. 나의 지도교수는 Kevin Knowles라는 분이었는데, 옥스퍼드에서 박사학위를 받았고 전자현미경이 전공이었다. 나에게도 전자현미경을 권했지만, 왠지 항상 어두운 암실에서 아주 미세한 세계를 지켜본다는 것에 큰 흥미를 갖지 못했다. 그래서 그간 연구해왔던, 잘 깨지지 않는 세라믹스의 연장선에서 세라믹 섬유를 보강한 소재를 연구하기로 했다. 그런데 원래 물리를 전공한 지도교수와는 서로 의견이 맞지 않아서 좀체 성과를 낼 수가 없었다.

영국 대학의 연구 환경은 독일 연구소와는 많은 차이가 났다. 독일은 실험 위주의 연구인 데 반해 영국은 이론 위주였다. 독일은 실험 설비뿐 아니라 실험을 지원하는 기능 인력이 잘 훈련되어 있어서 연구원의 아이디어를 빠른 시간 내에 실험을 통해 검증할 수 있었다. 예를 들면 실험을 수행하는 과정 중에 복잡한 기계를 사용하는 경우 이를 능숙하게 다루는 테크니션이 잘 지원되어 정확한 결과를 얻을 수 있었지만, 영국은 실험보다는 이론적인 모델을 세우는 것을 더 중요하게 생각했다. 실험은 가능한 간단하게 해 이 이론의 모델을 설명해주는 것으로 그 역할을 다했다. 영국은 항상 창의적인 생각을 중시한 반면, 독일은 정확하고 반복적으로 검증 가능한 실험 결과를 중시했다. 이런 교육의 차이가 영국은 이론은 밝지만 제조업이 약하고, 독일은 제조업이 강한 나라로 발전시킨 원인이 된 것이라 생각된다. 후에 아들이 공학 교육을 한다면, 영국에서 학부를 하고 미국에서 대학원 공부를 한 다음, 독일이나 일본에서 박사 후 과정을 하는 것이 가장 이론과 실험에 완벽한 교육이 될 것이라 생각했다. 영국 유학 후 일본 국립연구소에 가보니 일본의 공학 교육은 독일의 도제 제도를 그대로 모방했음을 알 수 있었다.

영국에서 박사학위를 마치고 20년 후인 2013년 8월 말에 아내와 영국 여행을 할 기회가 있었다. 20년 전 우리 가족이 거주했던 케임브리지 대학의 처칠 칼리지(Churchill college) 기숙사에서 사흘간 머물렀다. 20년이라는 시간이 이곳에서는 온전히 정체되어 있었다. 칼리지의 광활한 잔디와 편리한 기혼지 기숙사, 안전한 아이들 놀이터, 집사람과 갓난아이와 함께 거닐던 울창한 산책길, 고색창연한 칼리지와 방학 중인 학생들을 대신한 넘치는 관광객과 도시를 가로지르는 캠 강 등. 시간을 정확히 처음 이곳에 도착한 25년 전으로 되돌린 느낌이었다. 아마 뉴턴이나 애덤 스미스가 다시 온다 해도 정확히 자기들이 머물던 연구실과 숙소를 찾는 데 아무 문제가 없을 것이다. 건물과 나무들은 그 모습 그대로 정갈하게 그 위치에 있었다. 캠 강을 가로질러 놓여 있는 열 몇 개의 다리는 나름대로 사연과 출생일을 갖고 있어, 노 젓는 안내자의 800년 역사 강의를 실물로 보여주고 있었다. 시내에 흩어진 70명이 넘는 이 대학 출신 노벨상 수

영국 케임브리지 대학교 처칠 칼리지

상자들의 연구실과 그들이 토론했던 펍도 온전히 그 모습 그대로 지금 누군가의 연구실로 쓰이고 있고, 그 펍에서 치열했던 논쟁과 발견의 환희를 떠올리며 오늘 맥주를 마실 수 있는 도시다.

박사학위 지도교수와 20년 만에 저녁을 함께 했다. 시내에 있었던 생명, 컴퓨터, 재료학과는 근교의 넓은 사이언스 공원으로 최근에 최신 설비를 갖춰서 옮겨졌는데, 여기에 필요한 자금은 빌 게이츠 재단에서 상당 부분 지원받았다고 한다. 보존할 것은 보존하고, 바꿀 것은 확실히 바꾸고 있었다.

25년 전 이곳에 처음 도착해 기숙사 방을 배정받기 위해 수위실에 줄 서 있을 때, 앞서 있던 학생이 자기 이름을 대자 수위는 그 아이의 할아버지와 아버지가 묵었던 기숙사 방을 안내해 주겠다며 그 학생의 가방을 들고 앞서갔다. 그리고 얼마 후 그 학생은 자기 할아버지와 아버지가 타던 자전기라며 고물 자선거를 끌고 나와서 툭탁거리며 고치고 있었다. 그들은 인간이 역사의 무대에서 어떤 역할을 해야 의미 있는지를 잘 알고 아는 대로 실행했다. 그렇기에 그들이 보여준 역사의 무게를 우리는 감당할 수 없다.

런던으로 옮겨 왔다. 불편한 이층 버스, 승차감이 나쁜 런던 택시와 탔다 하면 최소 2만 원의 비싼 요금, 최악의 인터넷 접속 환경, 둘이 앉아서 먹었다 하면 10만 원이 넘는 비싸고 맛없는 식당. 이 정도면 악플로 도배를 해도 시원찮을 도시인데, 전 세계에서 온 관광객으로 넘쳐난다. 특히 차도르를 누른 중동 여인과 어디서나 큰 소리로 구분 가능케 히는 중국 관광객은 쇼핑가를 가득 채우고 있다.

이런 모든 불편과 고비용, 덤덤한 서비스를 뛰어넘어 우리를 유혹하는 것은 런던이 보여주는 역사와 문화, 그리고 일류 쇼핑센터의 차별화된 서비스다. 우리나라 지하철 역사는 성형외과 광고 일색이지만 런던 지하철의 깊은 벽을 도배한 광고는 뮤지컬, 오페라, 연극, 콘서트 등이다. 낮에는 영국을 이끄는 5대 동력원인 버킹엄(왕실), BBC(언론), 빅밴(의회), 케임브리지와 옥스퍼드(교육), 국립박물관(역사)과 이와 관련된 중세와 근현대사를 실물로 관람하고, 밤에는 영국인의 상상력을 제대로 체험할 수 있는 문화의 향연을 즐길 수 있다. 우연히 동행한 한국 연기자가 강력히 추천해 국립극장에서 하는 'Warhorse'라는 연극을 관람했다. 23년 전에는 이 극장에서 뮤지컬 'Cats'를 봤던 적이 있었다. 'Cats'는 이 극장에서 21년간 공연했다고 한다. 마지막 남은 두 자리를 비싼 값으로 샀지만, 그 상상력과 감동은 아직도 생생하다.

돌아오는 길에 남은 영국 파운드를 억울한 환율로 전부 교환했다. 가지고 와봐야 10년 내에 다시 쓸 것 같지 않아서 비싼 대가를 치르기로 했다. 영국은 이렇게 여행객의 마지막 남은 동전까지 톡톡 털게 했다.

세상이 가는 방향과 반대 방향으로 운전하는 나라이듯, 영국은 느리고 변하지 않고 불편하고 비싸고 친절하지 않은 나라다. 그곳에는 과거와 현재를 연결하는 실존하는 역사와 상상력으로 가득 찬 해리 포터 판타지와 인간의 깊은 세포를 만족시키는 문화가 있고, 작은 고을고을마다 이야기가 있다. 그리고 우리가 값을 정하는 데 익숙지 않은 역사와 문화를 매우 고고하고 엄숙한 태도로 비싼 값을 매겨서 여행객의 돈을 기분 나쁘지 않게 톡톡 털어가는 기술이 특별히 발달한 나라다.

독일과 영국을 경험하면 일본은 저절로 이해된다

일본은 독일에서는 교육과 여러 사회제도를, 영국에서는 형식주의(Formality)와 정치제도를 복사한 나라인 듯하나. 1985~6년에 독일의 막스플랑크 연구소에서, 1987~8년에 한국 국방과학연구소에서, 1988~92년에 영국 케임브리지 대학에서 연구한 나는 박사 후 과정으로 일본 국립연구소를 택했다. 그 첫 번째 이유는 1980년대 후반과 90년대 초반 세계 시장을 제패한 일본 자동차 및 가전제품의 경쟁력의 원천을 직접 알고 싶었기 때문이다. 국립 무기재질연구소에 근무한 첫 주에 일본은 독일이나 영국과 같은 도제식 연구체계를 갖추고 있음을 알게 되었다. 메이지 유신 이후 독일을 중심으로 한 유럽의 정치와 경제 그리고 교육 제도를 대폭 수용해 정착시킨 이유 때문이라고 생각된다.

일본 연구소는 우리나라 대덕 연구단지와 같이 새롭게 조성된 연구 신도시인 Tsukuba에 소재한 국립무기재질연구소(National Institute for Research in Inorganic Materials, NINIM)였다. 연구소에서도 연구원은 한 가지 연구 분야를 정해 평생을 통해 일관되게 연구한 결과를 제자 연구원이 이어 받고, 이러한 도제식 연구체계를 몇 세대를 통해 이어가며 깊이 있고 독창적인 연구 결과를 생산하고 있었다. 이와는 반대로 한국의 연구소는 미국 교육의 영향을 받아서인지 유행하는 학문 또는 향후 단기간 기대되는 학문 분야로 쉽게 연구 분야을 옮겨 가고 앞서 연구한 결과를 무시해 앞선 연구가 있음에도 불구하고 처음부터 다시 시작하는 연구 결과의 단절과 비효율성이 있었다. 또한 유행하는 분야에만 많은 연구비와 인력이 넘쳐나는 문제를 경험했다. 일본과 같이 한 분야를 평생을 통해 꾸준히 연구하고, 그 후임자가 이어서 연구한다면 시간이 갈수록 연구 결과가 축적되어 20~30년 후에는 노벨상에 접근하는 연구결과가 쏟아지게 될 것이라는 예감이 들었다.

제2부

청년에게 답하다: 창업과 기업가

01

창업과 기업가

직업을 바꿀 때는 신중에 신중을 기하고 기존 직업과 가능한 오랫동안 병행하라

1995년 9월에 경상대학교 공과대학 세라믹공학과에 부임했다. 당시 내 나이 35세였다. 국립대학 교수로 정년까지 앞으로 30년간 열심히 연구하고 교육해 세상에 기여하리라 다짐했으나 그 뜻대로 흘러가지 않았다. 2년이 지난 후 우리는 외환 고갈로 국가 부도 사태를 맞이했고, 결국 김영삼 대통령 임기를 석 달 남겨둔 시점, 그리고 차기 대통령 선거를 한 달 남겨둔 1997년 11월 IMF에 구제금융을 신청하게 되었다. IMF(국제금융기구)는 우리나라에 긴급 자금을 수혈하는 대가로 그간의 모든 보호무역 장벽을 철폐하라는 조건을 제시했고, 우리 정부는 이를 수용할 수밖에 없었다. 당시 환율이 1달러에 800원 수준이었는데 불과 두어 달 만에 1달러에 2000원까지 올랐고, 주가는 휴지 값으로 처분되었다. 외국자본이 우리나라 우량기업을 헐값에 가져가는 상황을 눈뜨고 볼 수밖에 없었다. 우리와 같은 외환위기 상황에서도 말레지아는 그간의 보호무역 틀을 유지하며 IMF에 양보하지 않은 것과 비교해, 우리는 너무 쉽게 해외 금융자본의 위력에 무릎을 꿇고 말았다. 그 결과 재계 1~2위를 다투던 대우가 공중분해되고, 쌍용도 부도를 겪게 되고, 모든 기업이 구조조정이라는 명분으로 연구소를 거의 폐쇄하다시피 할 정도로, 이공계 전문 인력을 잘라냈다. 부실 은행이 폐쇄되고, 부채 비율이 높던 대기업은 부도 처리되고, 대형 은행도 아주 싼값에 외국 은행으로 팔려나갔다. 외환은행, 제일 은행이 대표적인 예다.

1999년 첫 번째 학생이 석사과정을 마쳤는데도 취업이

요원했고, 이제 막 석사과정에 입학한 학생과 학부 졸업생의 취업도 난감했다. 이런 상황에서 1998년 집권한 김대중 대통령은 청년실업 문제를 해결하고자 벤처 창업에 집중했다. 국립대학 교수도 벤처기업의 임원으로 겸직이 가능하게 법을 만들고, 국립대학 실험실도 기업의 공장으로 등록 가능하게 했다. 나는 졸업생들의 일자리를 마련하겠다는 책임감으로 1999년 4월에 ㈜나노를 대학 실험실에서 창업했다. 초기에는 제자가 창업을 하고 나는 그 회사를 도와준다는 생각으로 시작했다. 그래서 졸업생을 대표이사로 해 창업했다. 그리고 환경부 연구개발 자금을 신청했는데, 눈물이 날 정도로 혹독하게 발표 연습을 시켜서 당시 가장 강한 경쟁자인 원자력연구소 팀을 제치고 우리가 선정되었다. 이 자금을 통해 경상대학 내에 전국 대학에서는 처음으로 기업 소속인 나노 명의의 60평 규모의 실험공장동을 1999년 12월에 준공했다.

그러나 회사의 운영자금을 기술신용보증기금에서 차입하는 과정에서 대표이사가 개인 보증을 서야 한다는 사실을 알게 되었다. 졸업생이 회사차입금 보증을 선 후 만약 회사가 잘못되어 못 갚게 된다면 젊은 사람이 신용불량자가 되는 상황이 벌어질 수도 있었다. 제자들의 취업을 도와주기 위해 창업을 했는데 오히려 앞길을 막는 결과가 될지도 모르게 된 것이었다. 나도 사업 경험이 없는 상태였지만, 제자가 위험을 감수하게 하기보다는 내가 책임지는 것이 맞다고 판단했다. 그래서 1999년 12월 내가 대표이사를 맡기로 하고, 모든 차입금에 대해 내가 개인 보증을 서기로 했다.

학교와 가정으로 단순했던 생활은 1999년 4월 ㈜나노 창업 후 동선이 길어지게 되었다. 창업 전에는 진주의 학교와 집에서 대부분의 시간을 보냈으나, 2000년 1월 서울 영업 사무실을 오픈 하면서 일주일에 최소 한 번은 서울 출장을 가게 되었다. 2009년 공장을 상주로 옮겨 준공하면서 동선은 더 길어져서 학기 중에는 매주 최소 한 번은 '서울-상주-진주-상주-서울'로 움직이게 되었다. 2009년 3월에 산 자동차의 운행 거리가 4년이 지난 후 20만 킬로미터를 기록했다. 두 대의 차를 번갈아 운행함에도 먼저 산 차의 운행거리가 이처럼 길었고, 그 외 대중교통과 잦은 비행기 이용을 감안하면 발이 땅에 닿을 틈이 없을 정도였다.

나노 창업 이후 지난 18년간 가정, 학교, 회사를 위해 할당된 시간이 서서히 회사 쪽으로 중심축이 이동하게 되었다. 그러나 나의 세 가지 역할, 즉 가장으로서 해야 할 일, 사장으로서 해야 할 일, 교수로서 해야 할 일은 한 주가 시작되는 일요일에 그 순서대로 적고 매일매일 실행 후 지워나감으로써 어느 것 하나 소홀함이 없도록 최선을 다했다. 많은 주위 분들이 "어떻게 교수와 사장을 같이 해낼 수 있는지 궁금합니다" 하고 물으면, "그래서 어느 하나도 제대로 하는 것이 없다"는 말로 웃어넘기고는 했다.

교수에 대한 평가는 크게 강의·연구·봉사로 구분되는데, 국립대학의 경우 일주일에 아홉 시간 강의는 지켜야 한다. 이 경우 학부 두 과목과 대학원 한 과목으로 일주일 중 최소한 이틀은 강의에 할애해야 한다. 더불어 공대 연구는 실험을 동반하는 경우가 많아서 의욕과 열정에 따라 출퇴근 시간 따로 없이 연구실에 머물 때가 많다. 그러나 연구실의 구성원인 석사 및 박사과정 학생이 어느 정도 자리가 잡히면 실험은 대부분 학생이 하게 되고, 교수는 실험 아이디어·방법·내용 등에 대한 조언을 한다. 연구 결과를 정리하는 것은 학생의 몫이지만, 이 결과를 해석하고 논문을 쓰는 것은 교수가 해야 할 일이다.

경상대학교에 임용된 이후로 학생들의 강의 평가에서 과목 모두 5점 만점에 4점 이상 평가를 받았다. 연구 논문은 그간 국제 학술지, 국내 학술지, 국내외 특허를 포함해 160편 이상 논문을 게재했고, 특히 세라믹 분야에서 최고 권위 학술지인 미국 세라믹학회지에 5편의 논문을 교신저자로 발표했으며, SCI 등재 학술지에 50여 편을 게재했다. 그 외 평균 연 8편 정도의 연구 실적을 유지했다.

특히 2013년에는 그간 ㈜나노의 창업과 성장의 동력을 이론적으로 분석해 국제 경제학술지 〈Journal of Knowledge Economics〉에 "Universities and Entrepreneurship in Asia: The Case of Nano"라는 제목으로 고려대 기술경영대학원 초빙 교수인 Frederick Betz와 고려대 화공과 민화식 교수와 3인 공저로 게재한 바 있다. 더불어 나를 포함한 5인 공저로 한국의 대기업과 중소기업의 혁신과 국제 경쟁력을 분석한 "Innovation and Global Competition-The Case of Korea"라는 제목의 책이 미국 NOVA Science

Publishers, INC.에서 2014년 발간되었다. 이로서 공학연구를 통한 논문과 특허 등록, 그리고 이러한 학문적 성과를 활용한 창업과 기업의 성장 경험을 이론적으로 분석한 경제학 논문과 교재를 발간함으로써 그간의 연구와 기업 경영을 학문적으로 정리했다.

그동안 회사 업무가 세계 시장으로 확대되어 2011년에는 중국 상해에 판매법인을 설립하고, 2013년 12월 13일에는 중국 운남성 우딩현에 원료 공장 투자를 실행해 2015년 초에 이산화티탄 촉매 원료 공장을 준공했다. 2014년 유럽 시장 영업 확대를 위해 독일에 영업 사무실을 개소했고, 2015년에는 미국에 2016년에는 일본에 영업 사무소를 개설했다. 이러한 해외 법인 또는 사무소의 설립과 내실 경영을 지원하기 위해 잦은 해외 출장이 불가피하게 되었다. 이런 과정에서 교수 본연의 책임에 소홀해 대학과 학생들에게 폐가 되지 않도록 56세가 되는 2016년 2월 말로 21년간 재직한 대학에서 명예 퇴임했다. 17년간을 교수와 스타트업 기업의 대표를 병행한 후 도저히 두 직업을 병행할 수 없는 임계점에 교수직을 퇴임하고, 서서히 더 많은 시간을 대표이사

㈜나노 상주 본사 전경

업무에 전념하게 되었다.

제자들에게 취업 기회를 제공한다는 단순한 생각으로 창업했고, 젊은 제자를 대표이사로 세웠다가, 그 빚보증에 젊은 제자의 앞길을 막을 수도 있겠다 싶어서 내가 대표이사를 맡았다. 그렇게 창업을 했고 사장이 되었다. 운명이라고 생각한다. 모든 것이 처음부터 특별한 계획을 갖고 진행된 것은 아니었다. 그때그때의 상황에서 나의 인생관과 삶의 원칙에서 다른 대안이 없는 선택의 결과다.

스타트업 기업은 10년 앞을 보고 사람에 투자해야 한다

사람의 경쟁력이 곧 기업의 경쟁력이다. 이제 막 창업한 기업은 그 경쟁력을 확보하기 위해 오랜 시간 인내심을 갖고 사람에 투자해야 한다. 이미 시장에 있는 제품보다 나은 경쟁력을 갖는 제품을 만들기 위해서는 우선 우리 회사 사람의 경쟁력이 다른 회사 사람보다 나아야 한다. 지방에서는 우수한 사람을 구하기 힘들 뿐 아니라, 어떤 노력을 해도 대기업의 인적 자원보다 더 나은 스펙을 구할 수는 없다. 사람의 경쟁력이 제품의 경쟁력이기에 지방 중소기업은 싼 임금을 주고 싼값에 제조해 대기업에 공급하는 하청의 가치 사슬로 전락할 수밖에 없게 된다.

이를 극복하는 방법은 두 가지다. 첫째는 일단 대기업 하청을 하면서 기술을 축적하고 언젠가는 독립할 준비를 하는 것이다. 둘째는 그 기간 중 우리 회사 인력을 긴 안목으로 교육시켜 이들의 경쟁력을 높이는 것이다. 창업 초기에는 나와 직원들 모두 제품에 대한 경험과 지식이 전무했으므로 각 분야의 전문가를 영입하는 수밖에 도리가 없었다. 일단 1차 투자를 받은 금액으로 서울에 사무실을 오픈한 후 해당 분야에 경험을 가진 사람을 데려오고, 이런 인적 구성을 투자자에게 포장해 공장을 지을 수 있는 2차 투자를 유치한 다음, 공장을 완공한 뒤에는 대기업 하청을 통해 기술을 축척하고 시장을 익히다가 일정 시점이 되었을 때 완성된 기술로 독자적인 공장을 지어 독립하는 단계를 밟았다. 실제로 창업해 상주에 우리의 기술로 제품을 독자적으로 만드는 공장을 짓기까지 꼭 10년이 걸렸다. 그리고 초기

㈜나노의 임직원들과 함께

창업 인력을 교육 시켜 박사학위 과정을 마치게 하는 데도 10년이 걸렸다.

㈜나노에서는 지난 18년간 회사 지원으로 그간 4명의 박사와 10여 명의 석사 졸업생을 배출했다. 학부과정 재학생은 먼저 대학 연구실에 입실해 2년 정도 훈련을 쌓은 다음 졸업 후 나노에 취업해 회사에서 필요한 연구 과제를 석사 논문으로 작성하고, 이후 바사과정은 이수하게 함으로

써 10년 앞을 보고 교육과 직장을 병행하도록 했다. 현재도 이러한 박사와 석사 교육과정을 병행해 이수하는 직원이 계속되고 있다. 경영학 또는 경제 분야 학부 출신 직원은 같은 전공의 석사학위를 회사에서 지원하고 있으며, 교육받는 대학도 수요에 맞게 다양화시켜 나가고 있다. 초기에는 회사가 위치한 진주 소재 경상대와 경남과학기술대를 주 교육기관으로 했으나 상주로 이전하고부터는 고려대, 경북대 등으로 교육 기관을 넓히고 있다. R&D 부서에 입사한 직원은 입사 후 1년이 지나면 석사과정 입학을 권유해 학비와 시간을 지원하고 있다. 대학 졸업 후 회사가 필요로 하는 교육을 직접 지도하거나 위탁교육 시킴으로써 개개인의 역량을 향상시켜 능력 있는 사람으로 키우는 일에 정성을 다했다.

기업 성장에는 왕도가 없다
네가 가진 장점을 활용하라

나는 사업 경험이 없었으므로, 남들을 따라해서는 남보다 앞서가기는 힘들 것이라 생각했다. 그래서 내가 잘 알고 있는 분야에서 잘할 수 있는 일이 무엇인가 곰곰이 생각했다. 나는 연구를 해온 사람이니, 초기에는 정부나 지차체로부터 연구개발 자금을 받아서 이를 통해 제품 품질을 향상시켜야겠다고 생각했다. 그리고 교수로서 학생을 지도한 경험이 있으니 우리 회사 제자 직원들을 가능한 석·박사과정에 입학시켜 이들로 하여금 제품 기술과 관련된 논문을 쓰게 해 해당 분야 전문지식을 향상시키기로 했다. 마지막으로 우리 회사 제품 관련 국제 학술대회를 개최해 전 세계 전문가로부터 배울 것은 배우고 고객에게 우리 회사 제품의 우수성을 알리는 마케팅 기회로 활용하기로 했다.

이러한 연구개발, 교육, 국제학술회의는 회사 창업 이전에 연구자와 교수의 경험으로 밥 먹듯이 해온 일이라, 나에게는 쉬운 일이었으나, 다른 중소기업 사장들은 시도해보기 힘든 일이었다. 이쪽은 분명 내가 상대적인 경쟁력을 확보한 분야였다. 그리고 사람이 곧 회사의 경쟁력이라는 관점에서 제대로 사람에게 초점을 맞춘 장기 전략이었다. 진주는 서울에서 우수한 사람을 데려오기는 불가능한 반면, 사람이 잘 빠져나가지도 않는 장점이 있었다. 그리고 창업 동지인 제자 직원은 회사와 동료 간에 남다른 충성심이 있었다.

창업 후 지금까지 국가 연구개발 과제비를 지원받아서 핵심기술과 생산장비를 개발했다. 1999년 처음으로 환경부에서 지원 받은 2억 원의 연구비를 통해 월 3톤을 생산하는 시험 공장동을 경상대 내에 완공했다. 이를 통해 나노의 특허기술이 실제 생산 기술로 연결될 수 있음을 증명했다. 이 시험공장을 보여줌으로써 월 80톤 생산 가능한 공장 건설을 위한 투자 유치가 가능했고, 이 자금으로 2000년 11월 진주 공장을 준공하게 되었다. 이렇게 개발한 기술은 이제는 연간 1만 톤 이상 원료를 생산하는 해외 공장을 건설하는 기술로 발전했다.

더불어 2002년 산업자원부 중기거점과제 연구비를 4년간 지원받아서, 현재 우리 회사의 핵심 기술과 장비인 촉매 생산설비와 촉매 생산공정을 개발했다. 이 기술을 이용해 2009년 상주 공장의 설비 국산화를 이루고, 2013년 허니컴 촉매를 연간 6000m^3 생산하는 설비와 공정을 구축했다.

2009년에 상주 공장으로 옮겨 오면서 정부의 부품소재 과제비의 지원을 3년간 받아서 선박용 촉매 제조 공정을 개발했다. 이는 바로 세계 선박용 허니컴 촉매 공급 1위 회사로 성장하는 데 큰 역할을 했다. 그리고 2013년 산업자원부 우수기술 연구센터로 선정되어 그간 국내에서는 생산되지 않아서 전량 수입에 의존하던 플레이트 촉매 개발을 위한 연구 자금을 4년간 약 16억 원 정도 지원받게 되었다. 그 외 발전사와의 공동 연구개발과제를 획득해 개발 제품을 바로 발전사에 적용하는 기회를 얻게 되었다.

인력 양성은 4명이 박사학위를 취득했다. 그리고 회사의 지원을 받아 7명이 공학석사, 2명이 경제·경영학 석사를 취득했고, 현재도 2명이 석사과정을 이수하고 있다. 명실공히 우리나라에서 SCR 촉매 관련 학위 보유자가 가장 많은 회사가 되었다. 이러한 전문 인력을 바탕으로 2012년에는 세계 최초로 SCR 전문 R&D 센터를 개소했다.

㈜나노의 SCR 전문 R&D 센터(왼쪽)

마케팅 경험이 없었으므로 2007년 독일 전문가가 제품 검수를 위해 나노 진주 공장을 방문했을 때 세미나를 의뢰한 적이 있었다. 이를 확대해 2008년 제2회 국제 SCR 학술대회를 개최했고, 주로 발전사와 조선사에서 약 50여 명이 참여했다. 2009년에는 상주 공장 준공과 더불어 상주에서 제3회 대회를 개최했는데, 이때는 약 100명이 참여했다. 제4회와 5회 대회는 각각 150명, 200명이 7개국에서 참여하는 본격적인 국제 학술대회로 변모했다. 가장 권위 있는 교수를 독일에서 모셔왔고, 전 세계의 고객들을 초청했으며,

발전사와 조선사도 참여했다. 2014년 5월에는 제6회 국제 학술대회를 개최해 9개국에서 200명 이상이 참석해 명실공히 전 세계에서 가장 권위 있는 학술대회로 자리 잡았다.

이렇듯 자신의 단점을 깊이 인식하고, 독창적인 방법으로 그 단점을 보강한다면 감히 넘볼수 없는 경쟁력을 확보할 수 있다. 그러나 모든 일이 뜻하는 데로 술술 풀린 것은 아니다. 예기치 못한 큰 시련들을 극복하는 과정이 있었다.

창업기업의 초기 승패는 창업자의 리더십에 달려 있다

창업기업 위기 극복의 가장 효과적인 무기는 창업자의 리더십이다. 창업기업이 시장의 상황에 잘 맞춰서 변화해 순조롭게 항해한다고 하더라도 어떤 기업이던 피할 수 없는 내부 위기를 최소한 두 번은 겪게 된다. 첫 번째는 매출 기준 100억 원, 종업원 기준 50명의 암초다.

제품이나 서비스 관점에서는 처음 선택한 틈새시장의

가능성이 확인되는 시점이다. 그러나 더 싼값에 비슷한 제품이나 서비스를 제공하는 경쟁업체가 출현해, 창업 초기 예상되었던 수익률은 추락한다. 시장에 없던 새로운 제품이나 서비스로 대접받던 초기 가치보다는, 현저히 낮은 가치로 누구나 쉽게 취득할 수 있는 수준으로 하락한다. 고객이 더 높은 가격을 지불할 수 있는 새로운 제품을 선보여야만 생존이 가능한 강박의 시간이다. 그렇지 않으면 자신이 만든 제품과 유사한 제품의 홍수에 떠밀려 실종하게 된다.

사람의 관점에서 볼 때 창업 동지의 창업 당시의 역할이 더 이상 성과를 나타내지 못하고 판에 박힌 기존 중소기업의 조직과 역할로 환원되면, 창의적인 사람은 자기만족을 얻지 못하고 회사를 떠나게 된다. 창업 리더가 떠나는 사람을 붙잡을 수 있는 획기적인 대안을 생각했을지라도 남아 있는 사람과의 균형 때문에 실행하지 못하는 어정쩡한 상황에 처할 수도 있다. 인간의 정과 신뢰로 시작한 관계가 기업의 사규와 형평성의 논리로 전환되는 시기를 맞게 되는 것이다. 창의적이고 똑똑한 사람에게는 턱없이 낮은 대가이고, 그렇지 않은 사람에게도 그다지 매력적인 대가가 아닌 어정쩡한

㈜나노 글로벌 마케팅 회의

보상체계를 만지작거리며 경영자는 고민에 빠지게 된다.

기업의 생산 환경이나 근무 환경, 임금, 복지 체계를 개선하고, 새로운 제품을 개발해 성공적으로 시장의 주도권을 놓치지 않고, 또한 능력 있는 사람도 놓치지 않고, 창업 기업가가 독특한 지도력을 발휘해 내부 인력에 대한 응집력을 확보하고 시장의 신뢰도 확보한다면 첫 번째 암초를 잘 극복할 수 있다. 그러나 이를 위해서는 두 가지가 필요한데, 첫째는 비용이고 둘째는 경영자의 지도력이다.

먼저 비용은 사업을 통해 벌어서 조달할 수 있는 범위 내에서 해결할 수 있는 비용보다는 훨씬 큰 비용을 투자해야 사람과 시장을 동시에 붙잡아둘 수 있다. 그렇기에 미래 가치를 담보한 투자유치를 통해 첫 번째 암초를 극복하는 대안이 현실성이 있다. 그러나 자본시장에서 초기 기업이 투자를 유치하기 위해서는 기업가에 대한 신뢰가 우선이다. 이런 점에서 창업기업이 첫 번째 암초를 극복하는 가장 중요한 요소는 기업가의 신뢰와 설득력에 달려 있다.

두 번째 암초는 매출 500억 원, 종업원 기준 100명의 암초다. 기업은 글로벌 시장에서 신뢰를 얻고, CEO는 자신의 직관을 더욱 확신하게 된다. 매출이 급속하게 증가해, 원자재 선구입 등으로 보유자금 지출이 많은 반면, 대금 회수에는 시간이 걸리게 된다. 이 갭을 메꿀 수 있는 자금 확보가 CEO의 중요한 일로 부각된다. 은행의 여신은 그간의 시설투자로 한계에 달했고, 새로운 투자금을 확보하기에는 기존 투자자의 반발도 있으며, 지분의 여유도 없는 상황이다. 다행히 매출이 꾸준히 증가했다면 자금 조달에 어려움이 덜하겠지만 한 번쯤 성장 중에 매출이 꺾였나면, 특히 자금이 필요한 이전 회계연도에 매출이 감소했다면 정상적인 자금 조달 기회는 더욱 어렵게 된다. 수주 기회는 많지만 매출 대금 회수가 늦어지면서 회사는 현금 고갈을 겪게 된다. 이런 과정 중에 중요 고객이 대금 지불을 연체하는 상황이 오면 회사운영은 심각한 상황이 된다. 소위 성장의 늪을 통과해야 하는 시점이다. 만약 그동안 시장에서 신뢰를 쌓았다면, 협력업체를 설득해 원자재 대금 지불 기일을 늦춰달라고 양해를 구하고, 고객을 설득해 선금을 앞당겨 받는 방법으로 문제를 해결하는 것이 가장 현명한 해결 방안이다.

이 단계를 극복하고 나면 남들이 보기에 CEO는 더욱

고집스럽게 된다. 그러나 이를 비판할 수는 없다. 고집으로 표현되는 용기와 인내, 절제, 그리고 자신에 대한 끊임없는 반성이 오늘의 회사를 일구었으므로 회사에 대한 비판은 자신의 인격에 대한 모욕으로 느끼는 단계다. 그래서 아무도 CEO의 의사결정에 반대할 수 없다. 경영자는 더욱더 소통과 멀어지고, 회사는 이 불통인 경영자의 의사결정에 더 의존하게 된다.

그러나 경영자가 마치 사방이 막힌 것처럼 답답함을 느끼고, 미래 수익에 대한 선명한 그림이 그려지지 않고, 그동안 잘 통했던 직관이 더 이상 먹히지 않을 때가 오면 스스로 의사결정의 바통을 넘겨주어야 한다. 그래야 기업이 더 오래 생존할 가능성이 있다.

지금까지 살펴본 것은 순전히 내부 환경이 원인이 된 성장의 늪이다. 그 외에도 IMF, 리먼브라더스, 유럽 위기 등등의 외부 환경이 쓰나미처럼 몰아칠 수도 있다. 그러기에 창업 중소기업의 10년 생존율이 5% 미만이고, 그 중에서 1조원 이상의 중견 기업으로 성장한 창업 기업은 지난 30년간 3개 미만이라는 사실은, 창업기업의 생존이 얼마나 힘든지를 여실히 보여주고 있다.

기업가는 타고난 자질이 있어야 한다

기업을 창업해 이를 꾸준히 성장시킬 수 있는 기업가는 어떤 자질을 가져야 할까? 기업가로 성공하려면 학력이나 인품보다 타고난 장사꾼 자질이 있어야 한다. 신뢰성 있는 조사에 의하면 이와는 별개로 국가를 운영하는 정치 지도자를 위한 자격요건은 1) 결단력과 추진력, 2) 윤리성과 도덕성, 3) 국제 감각과 안목, 4) 미래 비전 제시 능력 등의 순서로 자질이 요구된다고 한다. 반면 기업을 경영하는 리더가 갖추어야 할 조건은 1) 고객 중심의 경영철학, 2) 미래 비전 제시 능력, 3) 국제 감각과 안목, 4) 윤리성과 도덕성의 순서로 조사된 바 있다. 두 영역의 지도자가 갖추어야 자질의 내용은 대부분 일치하지만, 가장 중요한 첫 번째 자질과 우선순위는 일치하지 않았다. 다시 말해서, 기업 경영과 국가 경영은 같은 지도력이 요구되는 영역이 아닌 것이다.

기업 경영을 잘하는 사람이 국가 경영을 잘 하리라는 가정은 허상일 수 있으며, 실제 근현대의 성공한 정치 지도자의 역사가 이를 증명하고 있다. 기업가로서 훌륭했던 태국의 탁신 총리는 경제를 살려달라는 국민의 여망을 받고 당선되었지만, 부패와 군부의 쿠데타로 실각한 후, 영국에서 가장 자본주의적인 사업인 프로 축구 구단주를 하고 있다. 창업한 회사가 부도나고 동업자가 사망해 빚을 떠안았던 실패한 사업가 링컨은 미국 역사상 가장 존경받는 정치 지도자가 되었다. 미국 대통령 가운데 무역수지, 재정 흑자 등 역사상 가장 훌륭한 경제 지표를 일구었던 빌 클린턴은 사업 경험이 전무한 사람이었다. 국가 지도자는 도덕성을 가지고 희생과 봉사의 정신으로 주위 사람을 화합하고 통합하는 비전을 실행해 나가야 하지만, 기업가는 인간의 이기심을 간파하고 선택과 집중을 반복해 나간다.

미국에서 가장 영향력 있는 지도자 1위로 선정된 클린턴 전임 대통령은 지도자의 덕목으로 비전(꿈)을 제시하고, 반대하는 사람을 설득하며, 인내하는 것을 꼽았다. 앞서가는 사람은 개혁과 혁신을 통해 기존의 것을 버리고 새로운 발전을 도모한다. 발전은 변화를 요구하며, 변화는 반대자를 생산한다. 따라서 지도자는 태생적으로 추종자와 반대자를 생산하게 된다. 반대자를 추종자로 변화시키는 것이 리더십의 요체다. 꿈, 설득, 인내는 매우 실제적인 리더의 자질이다.

비전이 설득력을 얻기 위해서는 설득하는 사람의 평판이 중요하다. 홍콩 최고의 갑부 리카싱 그룹 회장은 사업 성공의 비결을 "정직과 신뢰로 자신에 대한 좋은 평판"을 얻는 것이라 했다. 세계적인 투자가 워렌 버핏도 "돈보다 명성을 중요시한다"면서 "잘못된 결정으로 돈을 많이 잃더라고 극히 작은 평판이라도 잃어서는 안 된다"고 했다. 크라이슬러 회장으로 유명했던 리 아이아코카(Lido Anthony Iacocca)는 "성공은 당신의 지식을 통해서가 아니라 당신이 아는 사람들과 그들에게 비친 당신의 이미지를 통해서 찾아온다"고 했다. 결국 성공은 지식과 능력에 의해서라기보다는 평판에 의해서 결정된다는 것이다. 좋은 평판은 신뢰를 의미하며, 믿을 수 있는 사람의 말에 의해 사람들의 마음이 움직이고, 그들이 제시한 꿈을 믿고 이루기 위해 열정을 바칠 때 비로소 변화와 진전이 가능하다는 것이다.

자신의 주위에 자신을 진심으로 믿는 많은 성공한 사람들을 둘 수 있는 사람이 훌륭한 지도자다. 좋은 평판의 핵심은 신뢰와 신념이다. 신뢰는 덕을 갖춘 인격에서 비롯되며, 신념은 실패의 경험에서 비롯된다. 결국 지도자의 조건은 실패의 경험으로부터 배우고 변화하려는 신념과 겸손과 절제, 근면, 중용을 실천하는 인격을 나날이 새롭게 하는 행동을 보여주는 데 있다.

기업가의 자질을 좀 더 세심하게 파고들면 다음과 같다. 20세기 초 아인슈타인의 양자 역학과 상대성 이론을 포함한 물리학의 대변혁기 이전까지 우리 생활은 경험이 축적된 기술에 의해 지배되었다. 그리고 그 기술이 과학을 낳았다. 20세기 이후의 문명의 역사는 곧 기술과 과학의 발전과 같이했다. 과학이 있고, 기술이 따르고, 새로운 기업이 생겨났다. 뚜렷한 족적을 남긴 과학기술자의 공통된 특징은 매우 꼼꼼했다는 것이다. 그리고 집요했다. 과거의 경험에서 실패의 원인을 자나 깨나 분석하고, 그 원인을 제거한 새로운 시도에 몰입해, 자신이 생각한 가정을 눈으로 확인하는 기쁨이 생의 의미였던 사람들이다. 많은 과학 기술의 진보가 우

" 자신의 주위에 자신을 진심으로 믿는 많은 성공한 사람들을 둘 수 있는 사람이 훌륭한 지도자다. 좋은 평판의 핵심은 신뢰와 신념이다. 신뢰는 덕을 갖춘 인격에서 비롯되며, 신념은 실패의 경험에서 비롯된다. 결국 지도자의 조건은 실패의 경험으로부터 배우고 변화하려는 신념과 겸손과 절제, 근면, 중용을 실천하는 인격을 나날이 새롭게 하는 행동을 보여주는 데 있다. "

연에 의해 이루어진 것처럼 알려져 있지만, 사과나무 밑에서 우연히 만유인력의 법칙을 발견했다고 믿을 사람은 없다. 더불어 목욕탕에서 우연히 부력의 원리를 발견했다고 믿을 리도 만무하다. 이는 언제 어디서나 그들이 생각에 골몰했음을 대변하는 일화일 뿐이다.

우리 역사의 가장 훌륭한 장수인 이순신은 자신이 지휘한 전쟁에서 한 번도 패한 적이 없다. 그럼에도 불구하고 두 번의 백의종군을 거쳤으며, 원균이 이끈 칠천량 전투의 처참한 패배이후 남은 12척의 배로 133척의 왜군과 대결해 명량해전을 승리로 이끌었다. 이렇듯 군사와 배의 숫자에서 가장 열악한 조건임에도 불구하고 승리할 수 있었던 것은 시시각각으로 변하는 전장의 바람과 조류와 지형을 파악하고, 이를 부족한 군사와 배의 몫으로 채울 수 있는 작전을 세웠기 때문이다. 장군의 용맹함과 호탕함으로는 한 번의 전쟁에서 승리할 수 있을지 몰라도, 17회의 전투에서 전부 승리할 수는 없다. 그것도 인생의 가장 큰 시련을 겪은 5개월의 옥살이와 백의종군, 그리고 모친이 사망한 그해에 패전에서 거둬들인 12척의 배로 명량해전에서 거둔 승리는 불굴의 의지만으로 설명하기 어렵다. 바람과 물길과 지형을 꼼꼼히 분석하고, 적의 생각을 읽고, 목숨을 바쳐 싸울 수 있는 우리 군사들의 정신을 만들어야 가능하다.

훌륭한 과학기술자와 무패의 장수가 되기 위해서는 먼저 꼼꼼하게 정리하고 분석하는 습관과 목표를 성취하기 위해 몰입하는 습관을 가져야 한다. 또한 적군의 생각을 읽는 통찰력과 군사의 충성을 얻을 수 있는 리더십이 있어야 한다. 여기에 보태어 훌륭한 사업가는 경험자와 전문가, 그리고 이해 당사자의 의견을 경청할 줄 알아야 한다.

지금은 잘나가고 있지만, 앞으로 내리막길을 걸을 수 있는 회사의 많은 징조 중 첫 번째는 사장의 체력에 문제가 생겨서 예전에 가졌던 꼼꼼하고 몰입하는 습관을 유지할 수 없는 경우, 두 번째는 사장이 과거의 성공신화에 갇혀서 다가오는 리스크를 간과하는 긍정의 덫에 갇힌 경우. 그리고 세 번째는 회사 내외의 전문가나 경험자가 말을 하지 않기 시작할 때다. 자금이 많이 투입되는 새로운 투자를 결정하기 전에 사장은 마라톤 풀코스를 완주한 후의 체력 소진과 맞먹을 정도로 몰입해 여러 사람의 의견을 경청하고, 그리고 합리적인 판단기준을 가지고 꼼꼼히 분석해야 한다. 그리고 최악의 경우라도 회사 생존이 위협당하지 않을 수 있는 대안을 마련할 수 있는 의사 결정을 해야 한다.

성공한 사업가는 전쟁터의 장수와 과학기술자를 뛰어넘는 꼼꼼함, 통찰력, 진정의 리더십과 경청의 덕목을 가져야 한다. 막연한 긍정은 결코 사업가의 덕목이 아니다.

'많이 배운 지식인이 더 나은 기업인의 요건이 될 수 있는가?'에 대해서는 다음을 생각해볼 필요가 있다. 박경리 선생은 우리 사회에 가장 해로움을 끼치는 부류로 지식인을 지적한 바 있다. 선생이 말한 지식인은 아주 좁게 말하자면 시험을 통해 입신출세한 직업군에 속한 사람들이라 할 수 있을 것이다. 법조인, 회계사, 세무사, 의사, 교수 등 말이다. 이들은 자기 머릿속에 갇혀 매우 좁은 영역의 지식을 편식했음에도, 우리 사회가 부여한 기득권을 선점한 소위 머리 좋은 사람들이다. 그러나 이들의 공통점은 세상과 사람을 잘 모른다는 것이다. 자기들이 세상 밖으로 나갈 필요 없이 곤궁한 처지의 사람들이 항상 자기들의 성 안으로 들어와서 도움을 청하기 때문이다. 조선시대 유학자들처럼 학문이 곧 인격인 그런 학문을 한 것이 아니라, 기능적인 전문 지식으로 무장했을 뿐인데도 마치 전인적인 지식인으로 대접받을 수 있었던 것은 우리 사회 특유의 학벌과 완장에 대한 맹신 때문이다.

다행히 기업인은 시장에서 고객이 키워주어야 클 수 있다. 이를 위해서는 장기간의 전략을 세워 기업의 강점을 키우고, 고객의 마음을 먼저 헤아려서 제품과 서비스를 제공할 때 시장의 신뢰를 얻고 성장하게 된다. 그래서 기업인은 사람(고객)과 세상(시장)에 대해 끊임없이 겸손하게 귀 기울이고 변화해야 하고 그 변화의 주도권을 잡을 수 있는 용기가 있어야 한다.

기업 성장의 핵심은 사장의 학력과 인품이 아니라 타이밍을 잡는 '촉'

누군가 내게 기업을 성공으로 이끄는 힘을 꼽아보라고 한다면, 나는 아직도 무어라고 딱 꼽아 말하지 못하겠다. 그

"성공한 사업가는 전쟁터의 장수와 과학기술자를 뛰어넘는 꼼꼼함, 통찰력, 진정의 리더십과 경청의 덕목을 가져야 한다. 막연한 긍정은 결코 사업가의 덕목이 아니다."

러나 열심히 학습하고 공부하는 것이 첫 번째로 중요한 성공요소는 아니라고 말할 수는 있다. 기업 경영은 상당 부분 운에 좌우되며, 그러하기에 그 승리의 요인은 전쟁과 유사하다고 생각한다. 작은 도움을 입더라도 일관된 마음으로 평생에 걸쳐 보답하는 것이 중요하다.

바르고 훌륭한 생각과 행동을 하시는 어른을 주위에 가급적 많이 모시고 자주 보고 대화하는 것 역시 필요한 요소이다. 공정한 인사를 통해 잘하는 사람을 승진시켜 격려하고, 못 하는 사람을 사적으로 달래주는 세심한 배려심을 갖는 것은 조직의 결속력을 위해 필요하다. 우수한 인재를 영입해 자부심을 갖는 비전을 제시하고 오랫동안 같이 일할 수 있는 직장을 만드는 것이 경영의 요체이나, 작은 틀에서는 개개인의 특수한 형편을 감안해 규정을 넘어서더라도 특별한 배려가 필요하다.

어느 것이든 그것 하나로 인해 조직의 열정을 불러일으키고 능력을 향상 시키는 충분조건은 없다. 그러나 어떤 경우든 시장과 경쟁자의 움직임을 면밀히 관찰하고, 우리의 능력을 겸손히 평가하며, 새로운 도전에 대해 모두가 힘을 합쳐 대응하는 조직을 만들어 나가야 한다. 그러기 위해서는 때로는 단호해야 하고, 때로는 관용을 베풀어야 한다.

지도자는 전반적으로 꼼꼼해야 하고, 늘 반성할 수 있는 겸손함을 가져야 한다. 그래서 모든 상황을 염두에 두고 수백 번 가상의 전투를 머릿속으로 치러야 실전에서 이길 수 있다. 옛날 중국에서는 전쟁을 이길 수 있는 세 가지 요소가 날씨, 지형, 그리고 군대의 단합이라고 했다. 이순신 장군이 열세인 장비와 병력을 가지고 17전 전승을 거둔 것도 바로 이 세 가지 요소를 조합해 최적의 타이밍을 잡았기에 가능했으리라 본다.

기업 경영에서도 항상 변하는 날씨와 같은 시장, 어디에서 언제 어떤 준비를 하고 나타날지 모르는 경쟁자에 대해 직원의 능력과 열정을 향상시켜 나가다가 유리한 시점에 유리한 장소에서 일합을 쏟아부어야 승리할 수 있다. 그러나 기업 경영에 가장 중요한 한 가지로는 타이밍을 포착하는 '촉'을 꼽고 싶다. 구조조정 적기, 투자의 적기, 인수합병의 적기 등 해야 할 일을 제때 실행하는 판단력이 중요하다.

임원의 자질과 사장의 자질은 다르다

나는 능력 있는 사람이 겸손함을 갖추었을 때 언젠가는 임원이 될 것이라 믿는다. 어떤 조직에서든 임원이 되는 사람은 세 가지 조건을 갖추어야 한다. 첫째는 능력, 둘째는 성실, 그리고 마지막은 다른 사람이 좋아하는 사람이어야 한다는 것이다. 좀 더 직설적으로 표현하자면 보스가 좋아하는 사람이 되어야 한다는 말이다. 간혹 머리는 좋으나 성실하지 않은 사람이 있고, 성실한 태도는 있으나 능력이 부족한 사람이 있다. 그리고 능력 있고 성실하나 자존심이 세서 다른 사람과 친화력을 가지지 않고 자기 혼자 자기가 해야 할 일만 묵묵히 처리하는 사람이 있다.

그러나 기업에서는 소통하지 않는 임원은 다른 무엇보다 큰 결격 사유이다. 겸손한 태도로 자기의 약점을 경청하고 반성하며, 이를 보완하기 위해 학습하고 노력하면서 자신을 향상시켜 나가려는 태도는 지속적으로 타인과의 관계를 증진시켜 좋은 평가도 받게 되고 본인의 능력도 키워 나갈 수 있다. 자신감이 크면 실제 능력 이상으로 자신을 과대

평가하게 되고 개발과 공부에 소홀하게 되어 타인과 관계도 악화될 뿐 아니라 시간이 갈수록 능력도 뒤처지게 된다. 그러나 이는 임원의 자질이지 사장이 되는 조건은 아니다.

누군가 나에게 중소기업을 중견기업으로 성장시키기 위해 가장 성공 확률이 높은 정책 한 가지만을 만들어보라고 한다면, '중견기업으로 키울 수 있는 경영자를 판단하고 그 경영자가 원하는 것을 지원하는 정책'을 제안하겠다. 중소기업의 핵심적인 경쟁력은 경영자가 타이밍을 판단하는 '촉'에 달려 있다.

경영은 교육과 유사하다

그간 교육과 경영을 병행해 오면서 '경영은 교육과 유사하다'는 일본의 경영학자 이타미 히로유키의 주장에 동의하게 되었다. 그가 말하는 '경영의 요체'는 다음과 같다. 첫째, 직원들에게 업무전체 방향을 제시한다. 둘째, 직원들이 일을 하고 싶게 만들고 일을 쉽게 할 수 있는 환경을 정비한다.

셋째, 그 후에는 직원들이 스스로 업무를 하는 과정에 동기를 부여하고 격려해야 한다. 이 세 문장에서 '직원'을 '학생'으로 바꾸고 '업무'나 '일'을 '공부'로 바꾸면 바로 '학생이 공부를 잘하게 하는 요체'가 된다.

창업해 중소기업, 중견기업으로 성장하는 데 필요한 여러 요소에 대해 가중치를 두지 않을 때는 모든 요소가 다 중요하고, 한도 끝도 없는 것처럼 보인다. 또 필요한 정책도 그 숫자만큼 많아야 하는 것으로 인식될 수 있다. 그러나 기업의 경쟁력은 곧 사람의 경쟁력이고, 사람의 경쟁력을 높이는 것은 경영자가 사람을 키울 수 있는 능력이 있을 때만 가능하다.

02

겪어봐야 알 수 있다

대기업의 윈-윈을 믿지 마라

이웃 나라 대만은 건국 100주년을 맞이해 100년 기업을 선정하고 그 경영철학을 소개한 바 있는데, 그 중 한 기업인 1907년에 설립한 완쭈왕 간장회사의 회장은 "기업은 사회의 도움 없이는 성장할 수 없다. 따라서 기업은 그 성과를 사회에 반드시 보답해야 한다"라고 말했다.

우리나라 기업 간 불균형은 세계 어디에서도 그 예를 찾기 힘들다. 대기업과 중소기업 간의 갑을 관계를 재정립하기 위해 그간 정부도 많은 노력을 했다. 먼저 노무현 대통령 참여정부 당시 '상생협력'을 강하게 추진해 대중소 협력재단을 만들어서 대기업이 관련 협력업체를 책임지고 맡아서 키우는 환경을 조성하라는 주문을 했다. 10대 그룹뿐 아니라 30대 그룹 회장님들이 나눔의 경영을 실천하기 위해 앞치마를 두르고 분주히 노력하는 모습을 보인 적이 있다. 그러나 기업 간 거래는 서로 이익이 맞고 시장원리를 거스르지 않아야 확대 재생산의 자발적인 구동력이 생긴다. 상생협력도 이 원칙을 벗어나면, 정책 입안자의 열정이 식는 순간 사라지게 된다.

부자가 더 부자가 되기 위해 부자의 이익에만 몰두하면 결국 부자는 그 부를 키울 수도 유지할 수도 없는 사회를 재촉하게 된다. 세계적인 경제학자 라구람 라잔 시카고대 경영대학원 교수는 "가난한 사람이 더 가난해지고, 부자인 사람들이 더 부자가 되는 빈부격차가 심화되어 사회를 뿌리째 뒤흔드는 불균형이 존재하면, 그것은 정치에 영향을 주어 제도를 뛰어넘게 되고, 정치가 균형을 회복하지 못하면, 선진국은 다시 개도국으로 돌아갈 수 있다"라고 했다. 그래서 우리 사회의 심화되는 빈부격차, 양극화, 그리고 심각한 수출의존형은 향후 선진국 진입을 위해 반드시 해결해야 할 과제임을 지적한 바 있다.

이명박 정부 당시 정운찬 동반성장위원회 위원장의 '초과이익 공유제'에 대해 각 경제주체마다 다른 입장차를 보인 바 있다. 그러나 당시 이건희 회장의 말처럼 그 용어 자체는 자본주의, 사회주의, 공산주의를 망라한 어떤 경제학 교과서에도 나오지 않을지언정 이익의 불공평한 배분으로 인한 기업 간 빈부격차는 곧 개인의 빈부격차로 이어지고, 이것이 정치에 영향을 주고, 대한민국을 선진국으로 진입시키는 데 발목을 잡고, 결국 국가경쟁력을 약화시켜서 그에 속한 대기업의 경쟁력도 떨어질 수밖에 없다.

경제학자인 정 위원장의 당시 제안은 과도한 기업 간 빈부격차로 인한 사회 갈등과 그로 인한 정치적인 소모로 인해 후에 지불해야 할 대가는, 사전에 이를 방지하기 위해 경제 주체간의 자발적인 노력의 과정에서 지불하는 어떤 비용보다도 엄청나게 크다는 것이다. 현재의 우리 기업 간의 불평등의 정도는 어느 선진국과 비교해도 심각하므로, 이 상태를 그대로 유지해서는 결코 선진국으로 진입이 불가능하다는 학자적 양심에서 비롯된 것이라 생각한다.

그간 대기업은 영업이익이 목표치를 초과할 경우 주주와 임직원에게 이익을 나눠주는 제도를 시행하고 있었다. 당시 정위원장의 초과이익 공유제는 기존의 공유 범위에 협력업체와 중소 납품업체도 포함시키자는 내용이었다. 그리고 이제도를 강제로 시행하자는 것이 아니라 이 제도를 시행하는 기업에 정부가 인센티브를 제공해 자발적으로 확대하도록 유도한다는 취지였다.

역대 어느 정부도 중소기업 지원 정책을 소홀히 한 적이 없다. 우리나라 중소기업 정책을 모아놓으면 중소기업 지원과 관련된 백과사전 이상의 내용을 담고 있다. 따라서 정부의 중소기업 정책은 첫째로는 기존의 정책 가운데 중소기업에 실제적으로 도움이 된 바 있고 만족도가 높은 정책에 역량을 집중해 추진해야 하고, 둘째로는 중소기업 정책을 사회양극화 해소 및 국가 복지 정책과 연계하고 각 부처 간 협력을 통해 좀 더 창조적인 정책들을 실행해야 한다.

과거 정부 역시 중소기업에 실제적으로 도움이 되는 많

은 정책을 일관되게 실행했으며, 특히 참여정부는 대중소 기업 간의 상생과 협력을 위해 대통령이 직접 주재하는 상생협력 보고대회를 여섯 차례나 직접 주재해 대기업 회장들에게 대중소 기업 간 '윈-윈' 하는 상생을 부탁하기도 했다.

정부의 중소기업 지원정책은 중기청을 주무부서로 한 시혜적인 지원에서 대기업과 중소기업의 상생협력 정책을 거쳐 동반성장 정책으로 이어져 왔다. 그리고 중소기업 지원 정책의 이름이 달라짐에 따라 정부 주관부서와 공기업 실행부서의 이름이 중소기업 지원에서 상생협력으로, 또 동반성장으로 바뀌고 있지만 실제 정책 내용이 달라진 것은 거의 없다.

우리나라의 미래를 위해, 대기업의 영속적인 발전을 위해, 그리고 국민 대다수가 일하고 있는 중소기업의 건강한 성장을 위해 정부와 대기업의 총수들이 그 제안의 진정성을 다시 한 번 잘 새겨서 그 뜻이 제대로 전달될 수 있는 정책으로 실현되기를 기대한 바 있었으나 역시 예상대로 무위로 끝나고 말았다.

재벌은 권력이다

우리 경제에 있어서 재빌의 역할과 영향력은 실로 엄청나다. 철강, 반도체 및 전자, 조선, 중화학, 건설, 자동차 산업으로 대표되는 재벌기업은 초기에는 국가 지도자의 비전에 부응해 유능하고 책임감 있는 관료들의 적극적인 지원 정책과 보호에 힘입어 성장의 기틀을 마련했다.

현재 재벌기업의 최종 제품의 가격 경쟁력은 상당 부분 원가 이하의 납품가로 제공되는 국내 중소기업의 소재·부품에 기인한다. 어쩔 수 없이 수입하는 소재·부품을 하루라도 빨리 국산화해야 산업 경쟁력이 생긴다는 대기업과 정부 그리고 학계의 공감대가 형성되어 부품·소재 산업을 육성하기 위한 전방위적인 노력을 기울이고 있다. 그러나 이런 부품·소재 개발의 마지막 과실은 역시 재벌 대기업의 강력한 갑의 논리 성채 안에 갇히게 되어 있다. 그나마 경쟁력 있는 중견 기업마저도 재벌의 우산에 포함되어야 지속적인 생존을 보장받을 수 있는 것이 현실이다.

한국 경제는 여전히 재벌에 속한 대기업이 주도하고 있

으며 여기에는 중소기업이 창의성을 발휘할 공간이 없다. 기업 간의 업종 경계가 무너지는 무경계성, 급변성, 불확실성으로 정의되는 새로운 글로벌 초경쟁 환경에 대처하기에는 우리 대기업의 몸집이 너무 무겁고, 그간의 성공 신화에 얽매여 새로운 패러다임에 적응하는 것이 힘들다. 그나마 창의적인 기술과 전략으로 성공의 비전을 일구어가던 중소기업이 정부 지원을 얻어서 열심히 R&D에 투자하고, 원가를 절감하면, 그만큼 납품가를 낮춰야 하는 현실에서 중소기업의 창의성이 발휘될 리 만무하다.

소-중소-중견-대기업의 성장 사다리 지원 정책은 부적합하다

우리나라에서는 새롭게 창업한 중소기업이 중견기업으로 성장하는 것이 매우 어렵다. 한국개발연구원(KDI) 보고에 따르면 1993년 창업한 중소제조업체 5만6000개 가운데 10년 후인 2003년에 종업원 500인 이상으로 성장한 기업은

8개인 0.01%에 불과하다. 280만 개의 중소기업이 창업해 30년 후 1조 매출 기업으로 성장한 기업이 단 3개의 회사에 불과했다. 제조업의 경우 창업부터 성장까지 필수적으로 겪어야 하는 단계인 기술-생산-영업의 고비를 겨우 넘어서 이제 시장이 확대될 즈음에는 예외 없이 대기업 신사업 부서와 혹독한 경쟁을 치러야 한다. 이때 국내 시장에서 먹고 먹히는 관계보다는 서로의 장점을 결합해 성장하고 그 과실을 공정히 분배하는 것을 지원하고 중재하는 중소기업 정책이 바람직하다.

즉 창업한 소기업이 중견기업을 거쳐 대기업으로 성장하는 것을 목표로 하는 정부 정책이 아니라, 소기업의 핵심역량을 키우고 이미 기업 역량이 글로벌 표준에 맞춰진 대기업과 결합해 국제 경쟁력이 있는 제품과 서비스를 생산할 수 있도록 지원하는 정책이 실제적으로 중소기업에 도움이 되는 정책이라 할 수 있다. 이런 관점에서 과거 정부의 대중소기업 상생과 동반성장, 그리고 기술혁신형 중소기업 지원 정책은 우리나라 중소기업의 현실을 잘 인식한 정책으로 새 정부에서도 더욱 발전적으로 추진할 필요성이 있다.

더불어 우리나라 중소기업은 고용 인력의 88%를 감당하고 있는 측면에서 사회 양극화 해소와 국가복지정책과 연계해 새로운 틀을 마련할 필요가 있다. 이를 위해 지식경제부뿐 아니라 기획재정부, 보건복지가족부 등 관련 부처가 협력해 다음 제안을 감안해 실제로 중소기업 고용창출에 도움이 되는 정책을 만들어야 한다.

첫째, 기업이 의무적으로 부담하는 고용자의 4대 보험 분담률을 사회복지 관점에서 정부가 일정 부분 분담함으로써 기업의 고용 부담을 덜어줄 필요가 있다. 둘째, 대기업의 경우 대부분 대학까지 자녀의 학비를 지원하고 있어 두 자녀를 둔 경우 큰 혜택을 누리고 있다고 할 수 있다. 공무원의 경우에도 자녀 학비는 무이자 대출을 하고 있다. 중소기업에 종사하는 분들에게도 최소한 퇴직금을 담보로 정부에서 무이자로 학자금을 융자하는 제도를 시행해야 한다.

이 정책이 실행되면 우리 국민 누구나 중소기업에서 일하더라도 건강을 보장받고 자녀를 대학에서 교육시킬 수 있으며 평균적인 생활을 누릴 수 있다는 비전을 가지게 될 것이다.

공과 사를 구분하지 못하는 인간들이 제시한 묘책은 늘 큰 재앙으로 끝난다

사업을 하다 보면 모든 것이 꽉 막힌 절벽을 느낄 때가 있다. 이를 벗어나기 위해 허둥대다 보면 유혹에 빠지기 쉽다. 이 순간의 위기를 벗어나기 위해서 공적인 일에서 개인의 이익을 취하려는 B급 인간들이 제시한 우회적인 방법을 묘책이라고 끌어들이게 되면, 결국 그 인간들이 불러들인 더 큰 재앙으로 인해 파멸하게 된다. 그래서 힘들더라고 중심을 잃지 않고, 사람을 판단하고 신념과 의지를 지켜나가는 것이 결국 어려움에서 빠져나올 수 있는 길이다. 순간의 인상으로 사람을 판단하는 것은 위험한 일이지만, 그렇다고 해서 스쳐 지나가는 수많은 사람들 모두를 오랫동안 겪어 보고 깊이 있게 판단하기에는 허락된 시간이 부족하다.

대체로 학력이 출중한 사람은 믿어도 된다고 본다. 왜냐면 이들은 어렸을 때부터 자기 자신에 대한 자존심이 있고, 성실하고 인내하는 생활을 습관화하지 않으면 좋은 학력을 만들어내기 힘들기 때문이다. 그러나 이들이 회사의 성공에 도움을 줄 수 있는가는 다른 관점에서 한 번 더 들여다봐야 한다. 왜냐면 결국 조직에 기여하는 사람은 겸손한 자신감을 갖고 늘 노력하는 자세를 견지해야 하는데, 좋은 학력은 이런 자세와 배치될 수 있다. 다만 자존감으로 인해 조직 전체를 낭패에 빠뜨리는 큰 사고는 치지 않을 수 있다는 의미다. 또한 자칫 머리 회전이 빨라서 노력에 비해 운 좋게 명문대학을 입학한 경우와는 구별해야 한다. 우리 시대 대학 입학할 때는 머리 좋은 애들은 고등학교 3년간 팽팽 놀다가도, 몇 개월 머리 싸매고 공부해 대학 본고사에 찍은 문제가 많이 나와서 명문대에 입학한 경우도 적지 않았다. 이런 친구들은 항상 그런 자신감의 경험을 믿기 때문에 적은 노력으로 많은 성과가 나오는 일만 골라 다니는 경우가 많다. 인간은 결국 자기의 경험에서 벗어나기가 쉽지 않기 때문이다.

부모님이 교육자 집안의 경우도 자신의 이익을 위해 조직 전체를 위기로 빠뜨리는 경우는 드물다. 상대적으로 신뢰할 만하다. 그리고 말수가 적은 사람은 충성심이 있는 경우가 많다. 어려운 가정에서 배운 것 없이 자수성가 한 사람들은 나름대로 자기 삶의 원칙이 있다고 강조 하지만, 이익

앞에서는 맥없이 원칙을 무너뜨리고 이익을 취하는 경우가 많다. 중국 사람에게 돈과 신뢰를 놓고 선택하게 하면 100% 돈을 택한다.

이것은 어디까지나 짧은 시간 안에 사람을 판단해야 할 때 참조할 내용일 뿐이다. 오랜 시간 사귄 후 얻은 결론이 있다면, 위에서 말한 것은 말 그대로 편견에 지나지 않는다. 어쨌든 초기 회사 인력 가운데는 이런 기피하는 선입견에 부합하는 사람은 없었다. 대부분 명문대 출신으로 높은 도덕이 있었다. 물론 초기에 영입된 많은 분들이 회사를 떠났지만, 나름대로 자신의 역할이 끝났다고 생각해 떠난 분들이고, 어느 누구도 회사에 손해를 끼친 사람은 없었다. 이렇게 초기에 영입한 분들 외에, 역시 회사의 기초가 되어 힘들거나 어려울 때도 희생적인 노력을 감수하면서 착실히 실력을 쌓아가며 회사의 버팀목이 된 사람들은 역시 창업에 동참한 경상대 출신 제자 사원들과 초기에 입사해 어려움을 같이 극복한 사원들이었다. 이들의 인내와 노력이 결실을 맺어 회사의 경쟁력이 되었다.

2000년 5월에 여의도 교보증권 맨 위층에서 나노의 사업설명회가 있었다. 장안의 투자기관과 관심 있는 개인 투자자 200여 분 이상이 참석해 성황이었다. 설명회가 끝나고 투자 의향서를 받아보니 총 투자 의향 금액이 50억 원을 넘었다. 당초 30억 원 투자 유치를 목표로 했는데, 목표에 상회하는 금액이었다. 받을 수 있을 때 받아야 한다는 내부 의견을 수용해 투자 유치 목표액을 40억 원으로 상향 조정했다. 그러나 실제 투자 업무를 진행하기 위해 의향을 비친 투자기관을 만나 보니 전혀 다른 반응을 보였다. 우리 같이 경험이 없는 초기 회사에 작으면 5억, 많으면 10억 원을 투자한다는 것이 큰 리스크로 여겨졌던 것이다. 또 2000년 5월은 벤처 투자 열기의 거품이 어느 정도 빠지는 분위기여서 모두들 몸을 사렸다. 좀체 진도가 나가지 않았다. 어느 투자기관도 먼저 의사결정을 하지 않고 상대 눈치만 보고 있었다. 이러다가는 투자는 물 건너가는 것이 아닌지 초조해졌다.

모든 투자가 진척이 없던 상황에 많은 커미션을 지불하면 투자기관으로부터 투자를 유치할 수 있게 해주겠다고 접근하는 사람들이 있었다. 어디나 돈이 오가는 데에는 이런 종류의 인간들이 들끓기 마련이다. 그러나 공과 사를 구분하는 원칙을 가진 사람은 대개 같은 부류의 사람을 소개한다. 산업은행의 투자기금 운영을 결정하는 외국인 투자 경영자(fund manager)는 영국 분들인데, 내가 영국에서 학위를 받았으니, 이분들에게 사업을 설명해보면 어떻겠느냐는 제안이었다. 나는 그날로 당장 이분들을 면담하는 약속을 잡고, 사업계획서를 밤새 영어로 번역한 다음, 약속 날짜에 광화문 금융 빌딩에 자리 잡고 있는 이분들 사무실을 찾았다. 그 당시에는 IMF에서 지원한 돈이 한국의 은행권으로 들어갔고, 은행은 투자 성과가 좋은 외국인 회사에 이 돈을 맡겨서 투자를 집행했다. 이들의 목적은 국가 부도 사태로 일시적으로 유동성 위기를 겪고 있는 회사에 주식 매입 형태로 자금을 투입시키고, 회사가 정상화되면 고평가된 주식을 주식시장에 팔아서 투자금을 회수하는 방법이었다. 최소 투자 금액은 20억 원이고 최대금액은 수백억에 달하는, 이른바 큰손이었다. 나는 밤새워 준비한 사업 계획서를 설명했으며, 이들은 관심을 보였다. 그리고 이 중 리더인 Chris Vale과 Adrian Cowell이 경상대학의 시험연구동을 방문하는 단계까지 진척이 있었다. 그해 6월 이들로부터 20억 원을 투자반는 계약을 체결했다.

그 후 3년의 계약 기간이 끝나고 그들은 한국을 떠났다. Chris Vale은 현재 영국에서 투자사를 운영하고 있고, Adrian Cowell과 뒤에 합류한 Christopher는 싱가포르에서 Vale과 같은 회사의 일원으로 투자회사를 운영하고 있다. 이들 세 명 모두 노총각으로 한국에 와서 모두 한국 아가씨와 결혼해서 한국을 떠났다. 2011년에 싱가포르에 촉매 공급 상담을 위해서 방문할 기회가 있어서 Adrian Cowell을 오랜만에 만났다. 싱가포르는 국토가 넓지 않아 대부분 좁은 아파트에서 생활하는데, 이분은 수영장이 딸린 저택에서 나를 맞이했다. 굵직한 유럽 국가의 연기금을 운영하고 있어서 그들의 운영 자금의 규모를 상상하기 힘들 정도였다. 딸 둘이 정원의 수영장에서 놀고 있었다. 자리를 옮겨서 그때 왜 나노에 투자했는지 이유를 묻자, 솔직히 내가 케임브리지에서 공부한 것이 가장 큰 이유였다고 웃으며 대답했다. 자신들이 영국인이었고, 당시 이미 충분히 투자 수익을 거둔 터라 적선하는 셈 치고 영국에서 공부한 나에게 투자한 것이라고 했다. 새삼 영국에서 공부한 보람을 느

겼다.

아무튼 이들의 투자 결정은 그동안 머뭇거리던 다른 투자자의 마음을 돌리는 데 결정적인 역할을 했다. 이들의 투자가 결정되고 난 후 한국의 투자 시장에는 세계적으로 유명한 영국의 펀드 매니저가 나노에 20억 원을 투자했다는 소문이 빠르게 돌았고, 머뭇거리고 있던 한국 투자자들이 서로 더 많이 투자하겠다고 아우성을 쳤다. 일단 줄을 서게 한 다음, 개인 투자자는 제외하고 가장 뒤탈이 없을 것 같은 기관투자자의 돈부터 모았다. 전체 40억 원의 투자 목표 가운데 20억 원이 채워진 상태여서, 나머지 룸이 많지 않았다. 동원증권의 5억 원, H캐피탈의 5억 원, TG벤처의 5억 원 등을 합해 총40억 원의 투자금을 확보했다.

이 중 H캐피탈의 5억 원은 받지 않고 TG벤처로부터 10억 원을 받으려고 했는데, 공적인 일을 통해 사적 이익을 취하려는 외부 인력이 강력 추천해 원래 10억 원을 투자하려는 것을 그나마 5억 원으로 줄여서 투자받았다. 이 투자금의 3%에 해당하는 커미션이 다시 H캐피탈에 전달되었다. 투자금 가운데 유일하게 커미션을 요구한 기관이 H캐피탈이었다. H캐피탈은 2년 내에 코스닥 상장을 하지 못하면 연 24%의 이자와 원금을 지불한다는 계약 조건을 첨부했는데, 결국 투자 후 2년이 지난 2002년 투자금과 이자를 상환하라는 통지를 받게 되었다. H캐피탈은 투자 성사 시에는 직원들이 커미션을 챙기고, 투자 후에 24%의 원리금을 받는 사채놀이를 했던 것이다. 채권 추심 전문 직원을 동원해 줄기차게 전화로 협박을 가했다. 당시 채권 추심 전담 직원 역시 그 캐피탈 직원이었는데, 멀쩡하게 대학을 졸업해 직업으로 이런 일을 하고 있는 그 사람이 참 불쌍해 보였다. 이후로 나는 '캐피탈은 허가받은 사채업자'라는 결론을 갖게 되었다.

이즈음 아버지가 세상을 떠나셔서, 마음이 몹시 우울한 터에, 도저히 갚을 길이 없는 투자금 상환 통지를 받고 사방이 벽으로 막힌 느낌이었다. 당시 회사에는 충분한 자금이 있어서 회사 자금을 사용하면 갚을 수는 있었으나, 회사의 자금으로 자사 주식을 취득하는 것은 당시 법으로 금했다. 그럼에도 불구하고, H캐피탈은 자금의 회수에만 혈안이 되어 회사 자금을 빼서 갚으라고 밤낮으로 다그쳤다. 요즈음

사채업자의 불법적인 채권 회수로 인해 채무자가 자살한다는 보도가 많이 나오는 것을 볼 때마다, 그들의 자살이 충분히 이해되었다. 그러나 그들이 아무리 체근해도 나는 불법을 저지르는 것은 안 된다는 원칙을 고수했다. 특히 제자 직원들 앞에서 그렇게는 할 수는 없었다. 무언가 합법적인 방법을 상담하기 위해 우리 회사의 고문 변호사를 찾아갔다. 자초지종을 듣더니 채권 추심자의 악랄한 방법으로 인해 가정이 파괴되는 경우도 있음을 상기시키며 걱정했다. 그러면서 자신이 그 주식의 일부인 2억 원어치를 사겠다고 했다. 후에 그 주식 인수대금은 차입으로 바꾸고, 그 원금과 이자를 매년 갚아나가서 7년에 걸쳐서 갚아 주었다. 나머지 3억 원은 아버님 장례식에 참석한 인도네시아 동생이 무이자로 도와주어서, 역시 매년 5000만 원씩 적금을 부어 7년에 걸쳐 완전히 변제했다. 이 일이 있기 전에는 회사의 자금을 한 푼이라도 아끼기 위해 회사에서 따로 급료를 받지 않았으나, 어쩔 수 없이 매년 6000만 원의 급료를 받고 그 중 세금을 제한 5000만 원 남짓을 저축해 전액 H캐피탈 투자금을 변제하는 용도로 사용했다.

물론 H캐피탈이 금융 약자의 약점을 이용한 합법적이지만 악랄한 사채업을 한 것은 비난받아야 마땅하다. 아마 이들은 벤처기업에 투자한 실적을 핑계로 정부로부터 저리 자금을 조달했을 것이다. 결국 이 자금을 이용해 고리사채업을 한 것이다. 그러나 내가 저축해 이를 상환하는 과정에서 투자자의 한 푼 한 푼이 매우 소중한 돈임을 깨닫게 되었다. 1999년 12월에서 2000년 6월 사이에 약 60억 원의 투자금이 유입될 때는 돈에 겸손하지 못했다. 그리고 그 순간 나는 그런 투자를 받을 자격이 있다고 착각했다. 실상은 내가 그런 능력이 있어서가 아니라, 그 당시 투자 분위기가 그런 투자를 가능케 했고, 우연히 영국인 투자자의 호의가 있어서 가능했는데, 마치 나의 개인적인 능력의 보답이라고 착각했던 것이다. 아무튼 H캐피탈 사건으로 인해, 투자자의 한 푼 한 푼을 갚기 위해 내손으로 만들어 나갈 때, 많은 고통이 따르는 것을 실감 했다. H캐피탈이라는 악덕 사채업자를 비난하기 전에, 그들을 통해 돈의 무서움과 귀중함을 다시 깨닫게 되었다.

스타트업 기업의 초기 사업모델은 별 의미가 없다

2000년 11월 21일 진주 공장 준공식을 했다. 주한 영국 대사인 Charles Humpery가 내빈으로 참석했다. 주한 영국 대사는 영국에서 공부한 사람이 한국에서 새로운 사업을 일으켜 기여하는 것을 한국어로 축하해 주었다. 영국대사의 진주 방문은 진주 역사 이래 가장 고위급 외국 손님이었다.

많은 분들의 관심과 격려 속에 출발했으나 내 마음은 매우 불안했다. 왜냐하면 아직 물건을 팔 수 있는 시장이 없었기 때문이다. 사실 진주 공장은 기술이 완성된 상태에서 지어진 것도 아니었고, 시장의 요구가 있는 상태에서 지어진 것도 아니라 투자자의 요청에 떠밀려서 준공되었다. 공장 준공 후 공장을 운영할 길이 막막했기에 활로를 찾기 위해 고민에 고민을 거듭해야 했다. 당시에는 아직 탈질 규제가 있기 훨씬 전이어서 우리 제품인 촉매의 수요도 당연히 없었다. 다만 광촉매라고 해서 유해물질을 분해시켜주고 나쁜 냄새를 제거하는 용도로 우리 원료가 사용되는 초기 시장이 있었다. 일본에서 공기청정기 필터에 우리 원료를 코팅하

2000년 11월 나노 진주공장 준공식에서 축사를 하는 Charles Humpery 영국대사

는 수준으로 작은 시장을 형성하는 단계였다. 국내에서도 비슷한 시장을 기대하고 마케팅에 들어갔으나, 워낙 시장의 수요가 다양하고 소량이어서 개인 소비자를 대응하는 데 시간만 허비할 뿐 별 소득이 없었다.

공장을 지은 후 첫해 주총에서는 당연히 매출 5억 미만의 적자 성적표를 제출했다. 문제는 2001년 다음 해에도 별 전망이 없었다. 2000년에 SK는 경상대 시험 공장동에서 생산한 원료를 10톤 사갔다. 용도는 2002년부터 시행 예정인 질소 산화물 규제에 대응해, 질소 산화물을 질소로 환원시키는 데 사용되는 촉매를 제조하는 원료로 테스트하기 위해서였다. SK는 정유공장에서 나오는 폐촉매를 다시 처리해 탈질 촉매의 원료로 사용하는 기술을 개발했다. 당시는 정유 공장에서 주기적으로 폐촉매가 나왔고, 이를 처분하는 것이 매우 골치 아픈 문제였다. 돈을 주고 처리 업체에 맡겨서 매립하는 실정이었다. 최근에는 이 폐촉매로부터 몰리브데늄이나 바나듐을 추출함으로써 오히려 돈을 받고 파는 상황으로 역전되었다.

SK는 우리의 TiO2 원료와 자신들의 정유공장에서 나오는 폐촉매를 처리해 얻은 몰리브덴, 바나듐, 그리고 알루미나 등을 포함하고 있는 원료를 섞어서 향후 질소산화물을 제거하는 필터인 탈질 촉매의 원료로 사용하는 사업을 추진하고 있었다. 이 경우 자사에서 나오는 폐촉매를 재사용하기 때문에 폐촉매 처리 비용을 절감할 뿐 아니라 새롭게 만드는 탈질 촉매의 원가 절감에도 도움이 되어서 분명히 남는 장사라는 그들 나름의 계산이 섰다. 그러나 이런 훌륭한 사업 계획도 4~5년이 지난 후 결국 경쟁력이 없는 것으로 판명되었다. 왜냐면 정유공장 폐촉매를 돈을 받고 팔 수 있는 상황이 되어서 굳이 폐촉매 처리에 고민하지 않아도 되었을 뿐 아니라, 폐촉매를 재처리해 얻은 탈질 촉매 원료는 불순물이 많아서 이를 이용해 제조한 촉매품질의 재현성에 심각한 문제가 드러났기 때문이다. 이런 문제점은 보통 본격적인 사업 시작 후 최소한 3~4년이 지나서야 알 수 있기 때문에 사업 초기에 미리 알 수는 없다. 공업제품의 생명은 품질 재현성인데, 들쑥날쑥한 원료 조성을 갖는 폐촉매를 재처리해 원료로 사용한다는 발상은 신촉매 품질의 재현성 측면에서 원천적인 결함을 갖고 있었던 것이었다.

나는 이 경험을 통해 어떤 경우든 품질이 일정하지 않은 원료(리사이클 원료)를 사용해 제품을 만드는 시도는 하지 말아야 함을 뼈저리게 알게 되었다. 그러나 사업 초기에는 SK의 촉매 사업이 얼마나 빨리 실현되느냐에 따라, 우리 원료 수요량이 정해지는 상황이었다. 그 외에 광촉매 시장은 기업을 상대로 하는 사업이 아니라 일반 대중을 상대로 해야 하는 영업이고 건설업이 포함되어 있는 데다가 어중이떠중이가 모두 유통에 들어 있어서 그 진흙탕 시장에서 사업을 지속할 수 없는 상황이었다. 그나마 2001년에는 둘 다 전망이 밝지 않았다.

연구비와 연구 성과의 상관관계는 크지 않다

성공한 기업인의 인터뷰에는 빠지지 않고 매출액 대비 연구비 투자 비율이 파격적으로 높은 것을 성공의 원인으로 꼽는다. 과연 이런 과다한 연구비 투자가 지속적인 혁신을 일구어나가는 데 필수조건일지 의문이다. 대학과 기업에서 오랫동안 기술 개발에 몰두해온 나의 경험에 비추어보자면 연구 성과는 연구비에 비례하지 않는다.

2012년도 정부 R&D 예산은 약 16조 원이고 연평균 증가율은 9%인데 이는 다른 예산에 비해 증가율이 높은 편이다. 2017년에는 20조 원에 이르고 있다. 여기에 민간기업의 R&D 투자는 약 40조 원으로 지난해보다 8% 증가했다. 이는 미국, 중국, 일본, 독일, 프랑스, 영국 등 R&D 투자 상위 6개국 가운데 중국을 제외한 다른 국가에 비해 증가율이 2배 이상 높은 수치이다. 민간기업의 R&D 투자 가운데 대기업은 약 31조, 중소기업은 9조 원에 이른다. 참고로 4대강 사업 예산은 총 22조 원이었다. 정부예산과 민간기업의 R&D 투자는 매년 약 60조 원에 이르고, 정부 R&D 투자의 실패율이 공식적으로 1% 미만임에도 불구하고, 투자한 예산만큼 성과를 내지 못하고 있다.

오래전 미국 국립과학재단의 조사 결과 소기업은 연구개발비당 기술혁신 건수가 중간 규모 기업의 4배, 그리고 대기업의 24배라는 결과를 발표한 바 있다. 그리고 연구의 유효성과 자금, 인력 등 연구의 물적 자원 간에는 상관관계가 없으며, 오히려 부정적인 관계를 보여주는 경우가 있다는 것이다. 내가 아는 국내 굴지 대기업의 기술연구소에서는 유수한 대학과 연구소에서 공부한 수백 명의 박사급 전문 인력을 통해 매년 수조 원의 연구비를 투자함에도 지난 15년간 시장에서 성공을 거둔 혁신제품이 하나도 없다고 한다. 이 회사에서는 연구개발 결과를 시장에 출시하는 기준으로 초기 시장에서 1000억 이상의 매출을 달성할 수 있다는 것을 임원진을 상대로 설득해 내야만 제품 설비 투자가 가능하다고 한다.

아마 이런 기준을 3M에 적용했다면 3M이 현재 판매하는 상품들은 하나도 시장에 나오지 못했을 것이다. 3M은 연구원이 자발적으로 만든 아이디어에 최소한의 연구비를 투자해 가능성을 확인하고, 이 연구자를 중심으로 제품 개발팀을 자발적으로 구성하며, 시장에 내보내는 단계까지 초기의 열정을 그대로 살려서 끌고 간다.

자신의 아이디어를 중심으로 이에 동조하는 사람들과 연구팀을 구성하고 혁신 제품을 만들어 내는 과정은 철저히 참여 연구원의 초기 열정을 더욱 타오르게 하는 데 초점이 맞춰져 있어야 한다. 이에 비하면, 연구원 자신의 관심과 열정과는 상관없이 어떤 아이템이 1000억 이상의 매출을 할 수 있을까 서류를 뒤적이고, 학회에 참석해 아이템을 발굴하고, 그리고 계획서를 기안해, 임원을 설득해 연구에 착수한다고 하더라도 문제는 연구원도 임원도 연구 아이템에 대한 자발적인 열정이 없다는 것이다. 즉 시켜서 하는 연구가 된다.

대기업에 비해 중견기업이, 중견기업에 비해 소기업이 투자한 연구비에 비해 성과가 큰 것은 기업 규모가 클수록

시켜서 하는 연구가 많고, 규모가 작을수록 자발적인 연구가 많은 데서 기인한다. 연구 목표를 정하고, 탁월한 학력의 사람을 뽑아서 이들을 시켜서 하는 연구는 최악의 결과를 얻는다. 조금만 어려움에 부딪혀도 이런저런 이유로 개발이 중단된다. 그러나 연구원이 하고 싶은 연구를 하는 경우 웬만한 어려움은 소리 없이 극복해 나간다. 나노의 R&D 센터에는 다음과 같은 슬로건이 걸려 있다. '설레는 연구'

첨단 기술 분야에서 초우량 기업으로 성장하는 데 과다한 연구비 투자가 필수 조건은 아니다. 초우량 기업이 탁월한 성장을 지속하는 데는 새로운 기술에 대한 탁월한 역량보다는, 제품의 신뢰성과 고객에 대한 서비스가 탁월하기 때문이다. 중소기업은 기술에 대한 투자보다는 시장과 고객에 대한 투자가 우선되는 것이 바람직하다. 연구비 투자를 많이 했음에도 성공하지 못한 기업은 많이 보았지만, 시장과 고객에 대한 투자를 많이 한 기업이 실패한 예는 보지 못했다.

03

모든 것을 다 준비하고 시작할 수는 없다

대기업 임가공을 하더라도 언젠가는 독립한다는 꿈을 키워라

하인으로 만족하는 삶은 주인이 될 수 있는 기회가 없지만, 주인을 꿈꾸는 종은 언젠가는 주인이 될 수 있다. 자동차의 경우 2만 개 이상의 부품을 납품 받아서 조립하기 때문에 부품 업체는 자동차회사에 종속될 수밖에 없고, 완성차 업체가 제시하는 가격을 수용할 수밖에 없다. 가격을 자율적으로 책정할 수 없는 기업은 기업으로서의 생존 이유가 없다.

매출이 전혀 일어나지 않는 회사 상황을 타개하기 위해 대기업의 임가공 업체가 되기를 자청했다. 이 경우 나노는 제품을 팔 수 있는 영업권이 없으므로, 수입 구조가 영원히 대기업에 예속되는 절름발이 회사를 의미한다. 예나 지금이나 자기 제품을 세계 시장에 자유롭게 팔 수 없는 중소기업은 미래가 없다. 그러나 초기 단계의 중소기업은 아직 제품의 품질이 완벽하지 않고, 시장에서 기업의 인지도가 없기 때문에, 대기업에 납품하는 형태로라도 회사를 유지해 기술을 축적하면서 언젠가는 대기업으로부터 독립하는 목표를 가지고 부단히 노력해야 한다.

동기가 선하면 법도 용서한다

판사가 특정 사안에 대해 판결을 내릴 때, 해당 사건과는 직접적인 관련이 없지만 피고의 그간의 살아온 경력도 판결에 매우 중요하게 영향을 끼칠 수 있다. 형사재판의 경우 대부분의 판사는 가급적 피고인에게 가장 유리한 판결을 내리기 원한다.

진주시 환경 담당 부서에서 공장 실사를 하고 환경법을 위반했다고 해 형사고발을 당하게 되었다. 제품을 마지막 소성하는 전기로를 설치할 때 사전에 지방자치단체(진주시)에 신고를 해야 하는데 그런 신고사항이 있는지도 몰라서, 진주시청 환경과에서 고발조치를 했고, 작은 회사다 보니 환경 담당자가 따로 있는 것도 아니어서 대표자인 내가 책임을 지게 되었다. 경찰서에서 조사를 받은 후에 벌금 100만원을 통지받았다.

나는 이 기회를 통해 우리나라 사법체계를 합리적으로 경험해보기로 했다. 소성로를 설치하는 것이 환경 위해 요소가 있는 것도 아니고, 중소기업의 대표자가 모든 법령을 꿰뚫고 사업을 할 수도 없는 상황에서, 이 정도라면 선한 목적(새로운 산업, 일자리 창출)을 위해 일을 하다 자신도 모르게 법령을 위반한 경우라서 사법부에 호소하면 용서가 가능한지 시험해보기로 한 것이다.

평소 친분이 있는 유능한 고문 변호사와 상의하고

300만 원의 변호사비를 드리기로 하고 정식 재판을 청구했다. 벌금 100만 원의 사건에 대해 300만 원의 변호사 수임료를 지불하고 정식 재판을 청구한 것이었다. 1심인 진주지원에서는 벌금 50만 원 판결을 받았다. 진주지원 판사는 법을 어긴 것은 어쩔 수 없으니 벌금만 감액한 것이다. 전형적으로 법적인 해석에 갇힌 판사의 판결이라고 하겠다. 그러나 이는 내가 원하던 판결은 아니었다.

마침 변호사님이 무료로 항소해주겠다고 해 창원고법에서 항소하는 기회를 갖게 되었다. 고법 판사는 '피고가 대학교수이고, 당시 이공계 푸대접이 사회적 이슈로 떠오르던 시점인 점'을 언급하면서 공공에 해를 끼치지 않았고 모든 기업인이 환경법을 자세히 다 알기는 힘들다는 의견을 제시하며 정상을 참작해 기소유예 판결을 내렸다. 기소유예는 1년 내 동일한 범법 행위를 하지 않는다면 모든 기록을 삭제하고 무죄와 같은 효력을 받는 판결이다.

이 항소 과정에서 대학 성적표, 상훈 관계, 재직증명서 등을 변호사께서 요구해 제출했는데, 덕분에 고법 판사가 특정 사안에 대해 판결을 내릴 때 해당 사건과는 직접적인 관련이 없지만 피고의 그간의 살아온 경력도 판결에 매우 중요하게 영향을 끼칠 수도 있다는 것을 알게 되었다. 법정에서 기소유예 판결을 받고 나오면서 법원의 판결에도 충분히 인간적인 배려가 있음을 알게 되었다.

어려운 시기일수록 연구 개발에 집중하라

2002년 회사 자금 부족이 부도 직전까지 가는 심각한 상황이었다. 다행히 우리 회사가 지원한 산업자원부 중기거점 연구과제가 선정되었다. 연간 약 6~7억 원의 연구비가 약 4년간 지원되는, 매우 큰 개발 사업이었다. 이 연구비를 활용해 제품 제조공정뿐 아니라 제품을 제조하는 데 필요한 기계 장치를 개발하는 것을 목표로 했다. 더불어 이 연구개발 과제에 우리 인력을 투입하게 되었다. 결국 국가가 지원하는 연구개발 자금은 회사의 가장 어려운 시기에 회사의 연구와 운영을 지속하게 하는 중요한 자금원이 되었다.

이때의 연구 결과를 활용해 2009년 상주공장 건립 시

2014년 준공한 플레이트 공장 전경

자체적으로 제작한 국산 제조 장비를 활용해 제품을 제조할 수 있게 됨으로써 약 2배 이상 가격의 외국 장비를 수입하지 않아도 되는 경쟁력을 확보하게 되었다. 그 이후 2009년에도 산업자원부의 부품소재 연구개발비를 활용해 3년에 걸친 개발을 통해 선박용 촉매를 상용화하고 선박 촉매 시장 세계 1위 점유율을 달성하게 되었다.

이렇듯 나노는 지난 18년간 각종 국가 연구개발 자금을 효율적으로 집행해 경영상의 위기를 극복하고, 필요한 제품을 개발해 상용화해나갔다. 이러한 탁월한 연구개발 성과를 인정받아서 '혁신성과 기업'으로 2013년 지정받게 되었다. 이는 새로운 연구과제 신청 시 가점을 부여받게 되어서 2013년 5월에는 우리나라 중소기업 가운데 연구 개발 능력이 탁월한 소수의 기업에만 지원하는 '우수기술센터(Advanced Technology Centre)' 지원 사업에 선정되어 매년 4억 원씩 4년간 연구비를 지원받게 되었다. 이 연구비를 통해 아직 국내에서는 생산되지 않고, 전량 수입에 의존하는 플레이트형 SCR 촉매를 개발하고 대량 생산 공장을 2014년 준공했다.

뜻밖의 사람이 도와주지 않으면 기업은 위기를 극복할 수 없다

어떤 사람에게는 도저히 극복하지 못하는 위기도 다른 사람에게는 주위의 도움을 받아서 헤쳐 나올 수 있는 기회가 될 수도 있다. 이런 과정을 겪으면서 개인과 기업은 더욱 강하게 단련된다. 그리고 한 번 은혜를 입으면 잊지 않고 평생을 두고 감사해야, 그들의 도움에 힘입어 더 큰일을 도모할 수 있게 된다. 위기를 통해 새로운 사람을 얻고 진실되고 겸손한 마음으로 정성을 다할 때, 신뢰하는 사람들과 함께 더 큰 도전을 극복할 수 있다.

잔인했던 2002년 어려움을 극복하는 과정을 정리한다. 제조 기술의 부재는 민화식 상무의 지원에 힘입어 대기업의 임가공으로 뚫었고, H 캐피탈의 상환 요청은 동생의 도움으로 위기를 극복했고, 공장의 화재는 어려운 시기에 전 직원의 단합을 재확인하는 계기가 되었고, 형사사건은 박종현 변호사의 도움을 받아 정공법으로 호소해 선고유예를 받아냈다. 회사 자금이 고갈되어 부도 위기를 맞았으나 서상기 원장님의 도움으로 국가 연구개발비 지원을 받아서 극복했다. 하지만 이것이 위기의 끝은 아니었다.

2003~6년에는 팔면 팔수록 손해를 보는 암흑기를 거치게 된다. 독일의 EnBW 발전소와 공급계약이 맺어졌고, 이 계약 관련해, 발전소 촉매 담당자인 Herwig Maier 와 Peter Buck이 처음으로 2002년 12월 한국을 방문해 진주 나노 공장을 찾았다.

그들은 2003년 3월에는 제조한 촉매의 검수를 위해 다시 진주를 방문했다. 이분들의 기여로 인해 ㈜나노에서 제작한 촉매를 처음으로 독일 발전 시장에 팔 수 있었고, 이것이 좋은 실적이 되어 2005년부터 시작된 국내 시장 공급이 가능해졌다. 2009년 ㈜나노가 상주에 독립된 공장을 세울 때, 2015년까지 장기 공급 계약을 성사시켜주었다. Peter Buck은 그간 열 차례 나노를 방문했고, Herwig Maier 역시 열두 차례 한국을 방문해 우정을 쌓았다. 나는 Peter Buck이 퇴임한 후 2014년에는 부인과 함께 한국으로 초대해 그간의 지원에 감사의 인사를 전했고, 회사 내 명예의 전당에 그분의 얼굴 부조를 세워 그 업적을 기렸다.

Prof. Herwig Maier(Maier 박사는 재직 중에 독일의 Ulm 대학에서 교수 칭호를 받았다. 독일에서는 산업계에서 큰 업적을 남긴 분들께도 대학에서 심사해 교수 칭호를 부여한다) 역시 2014년 말에 퇴임하게 되는데, Maier 교수는 초기 우리 촉매의 품질 향상을 위해 많은 기술 지도를 아끼지 않았다. 특히 촉매의 성능을 평가하는 장비의 도면을 제공해주어 자체적으로 이를 제작할 수 있게 했을 뿐 아니라, 재생하는 장비의 도면도 제공해

당사 명예의 전당에 전시된 Peter Buck과 Herbert Romich의 부조

Maier 교수가 식수하는 모습(왼쪽)과 당사 명예의 전당에 전시된 Maier 교수의 부조(오른쪽)

Gutberlet 교수가 식수하는 모습(왼쪽)과 당사 명예의 전당에 전시된 부조(오른쪽)

주어 우리가 재생기술을 확보하는 데 크게 기여했다. 이를 감사하기 위해 2012년 우리 회사 R&D 센타 건립시 Maier 교수의 기념 비석을 연구소 앞에 세웠고, 그분의 부조를 명예의 전당 안에 세워서 우리 회사 기술 발전을 위해 기여한 분으로 영원히 기념했다. Maier 교수는 2014년 말 정년퇴임 후 고향인 오스트리아 린츠에 정착했다.

또 한 분의 독일 교수는 Prof. Heinz Gutberlet 교수인데, 이분은 독일에서 제일 큰 E.On 발전소 연구소에 오래 근무한 독일 최고의 현장 이론가로서 탈질 설비 운영과 관련해 많은 논문을 기고했다. 우리 회사에서 주최한 탈질촉매 관련 국제 학술대회에 제3회 대회부터 참석했는데, 학술대회가 끝나면 연구소 인력들에게 발전소에서 촉매 적용 시 발생하는 문제점 해결과 관련해 개인지도를 해주셨다. 이분 역시 연구소 앞에 기념 비석을 세워두었고, 나노 명예의 전당에 이분의 부조를 전시했다. 이분은 2014년 4월에 돌아가셨다. 2015년 1월 Gutberlet 교수의 독일 댁을 방문해 2박 3일 동안 가족과 함께 그분 집에서 기거하면서 고인의 기여에 진심으로 감사했다.

2005년 국내 발전사 수요가 시작될 무렵 상공부 차관, 동자부 차관을 역임하신 장상현 전 차관님을 뵙게 되었다. 이분은 행정고시 1회 출신으로 현직에 계시는 많은 공직자 분들의 존경을 받고 계신 분이었다. 처음 만나서 몇 마디 대화를 나눠보니 사람을 분별하는 능력과 세상을 파악하는 능력을 갖춘, 그리고 개인의 이익을 취하지 않는 큰 어른임을 알 수 있었다.

이분께서는 대학교수와 그 제자와 같이 개발한 국산 제품을 어떻게든 국내 발전소에 공급할 수 있도록 발전사 경영진을 설득해, 2005년 국내 발전사 중 최초로 중부 발전에 우리 제품의 공급 기회를 얻을 수 있도록 힘써주셨다. 이분은 특히 2007년 회사 설비 투자를 위해 증자를 할 때 내가 증자에 참여하지 못하게 되자 본인이 사시는 집을 담보로 해 3억을 빌려주셔서 나에게 '신뢰'라는 말의 의미를 새롭게 깨닫게 해주셨다. 아무리 믿는 사람이라 할지라도 퇴직하신 분이 가지신 집이 유일한 재산일 텐데, 이를 담보로 돈을 빌려주신 것은 평생 잊지 못할 은혜라고 생각했다. 물론 그때 빌린 돈은 수개월 후 이자를 합해 갚아드렸다.

회사를 운영하다 보면 외부로부터 밀려오는 전혀 예측하지 못한 어려움이 발생할 때 가장 큰 힘이 되는 것이 평소에 영향력 있는 분들, 인격을 갖춘 분들과 신뢰를 공고히 해 그분들의 도움으로 문제를 해결하는 것이다. 이런 분들을 만날 기회를 갖고 신뢰를 얻는다면 어떤 어려움도 극복할 수 있다.

윗사람은 늘 아랫사람을 칭찬하기 원한다

어떤 조직이든 높은 사람은 아랫사람을 칭찬하는 일을 항상 즐겁게 한다. 그리고 은행 지점장을 가장 기쁘게 하는 일은 인사권자인 은행장에게 좋은 인상을 심어주는 것이다. 2008년 새로운 공장을 짓는 자금을 구하는 데 매진했다. 새로운 공장에서는 기존의 문제점을 극복해 완전히 새로운 원료 조합과 제조 장비 및 공정을 적용하기 위한 총체적인 대안을 모색할 것을 지시했다. 그러나 그간의 우리 회사 실적에 비해 너무 큰 대출을 요구한다는 이유로 좀처럼 은행이 움직이지 않았다.

당시에는 2008년 리먼브라더스로부터 촉발된 세계 경제위기 국면이어서 이명박 대통령이 경제 수장들과 함께 지하 벙커에서 매주 비상경제 회의를 하는 상황이었다. 정부는 은행으로 하여금 가급적 기업 투자금 대출을 독려했지만, 은행은 은행 나름대로 제 살길을 찾기 위해 BIS 비율을 맞추려고 여신을 주저하는 상황이었다. 그리고 대기업도 시장이 침체되고 불확실하다는 이유로 설비 투자를 유보하고 있었다. 정부는 은행의 리스크를 덜어주기 위해 신용 보증기금과 기술보증기금이 그간 기업 대출에 대해 90%만 보증해주던 것을 한시적으로 전액 보증하는 조치를 취했다. 즉 기보나 신보의 보증을 받아오는 업체에 대해 은행이 대출을 해줄 경우, 만약 기업이 갚을 수 없는 상황이 되면 신보나 기보에서 100% 대출금을 상환해주는 파격적인 정책이었다.

이명박 대통령의 치적 가운데 2008년 세계 경제 위기를 적절하게 대응해 우리 경제에 큰 위험을 넘긴 것은 업적이라고 생각한다. 이 시점에 기업은행 진주 지점에 새 지점장이 부임해 나노 공장을 방문했다. 나는 인사차 들린 지점장께 지나가는 말로 새로운 공장에 대한 비전을 설명했더니, 지점장은 자신이 이 문제를 해결해보겠다고 적극적인 태도를 보여주었다. 그는 즉시 IBK 경남 본부에 요청해 대출을 실행하는 작업에 착수했다. 글로벌 경제 위기 상황에서 은행에 새로 마련된 빠른 여신 심사 규정을 택해 일주일 만에 기업은행으로부터 대출 확인을 받을 수 있었다. 일단 기은의 대출 최종 승인이 나기 전에 다시 산업은행 지점을 찾아가서 산은으로부터는 오랫동안 승인을 받지 못해 기은에 요청해 승인을 받게 되었다고 알렸다. 그제야 산업은행에서는 나노가 기은의 승인을 받아들이지 않는다면 산은이 지원하겠다는 응답을 했다.

나는 몹시 난처한 상황에 빠졌다. 산은이 도대체 움직이지 않아서 기은에 부탁해 겨우 승낙을 얻었는데, 이제 와서 기은의 대출을 취소하라니. 그간 호의를 갖고 애써 도와준 기은 지점장께 도저히 이 말을 할 수 있는 상황이 아니었다. 이런 경우 어떻게 처신하면 좋을지 원로 경영인에게 자문을 구하기도 하고, 다른 은행의 지점장으로 있는 친구의 조언을 얻기도 하면서 고민에 고민을 거듭했다. 결국의 고민 끝에 기은 지점장을 찾아가서 불가피하게 기은의 호의를 받을 수 없게 되었다고 진심으로 죄송하다는 말씀을 드렸다. 처음에는 펄쩍뛰던 지점장도 그 후 자주 찾아뵙고, 서로 대화하고 식사를 같이 하는 자리를 많이 만들면서 친구 관계로 발전했다.

어떻게든 신세를 갚기 위해 고민하던 중에 우리 회사 주주인 기업인 한 분이 대통령이 주재하는 비상경제 회의에 참석하는 사진이 실린 신문을 보게 되었다. 그래서 그분에게 전화해 혹시 그 자리에 기업은행 은행장님도 참석하는지 여쭤보니 그렇다고 말씀하셔서 한 가지 부탁을 했다. 기은 진주 지점에서 한 중소기업(나노)에 대한 설비 투자를 집행하기 위해 모든 기은 직원이 합심해 한 달 이상 걸리는 여신 심사를 일주일 만에 끝내고 여신을 결정한 사례가 있으니 대통령이 참석하는 회의에서 정부의 지침대로 실행하기 위해 노력하는 이러한 금융인도 있다는 칭찬하는 말씀을 해달라고 부탁했다. 이 주주분은 내가 일러준 대로 비상경제 회의에서 칭찬했고, 대통령은 그 자리에 참석한 당시 기은 은행장을 칭찬했다고 전언했다. 이 효과는 즉시 나타나서,

기은 은행장이 지점장을 칭찬해 지점장과 지점 직원의 사기가 한껏 진작되었다. 이 방법은 생각보다 파급 효과가 매우 컸고, 이 일로 지점장께 미안했던 마음을 어느 정도 갚을 수 있었다.

2012년에 해외 수출이 활발하게 일어나서 운영자금의 부족을 겪었을 때, 10억의 대출을 요청했더니, 기은 진주 지점에서 바로 위층에서 일하는 기술신용보증기금 진주 지사와 협력해 기보의 보증 20억을 받아서 진주 지점은 아무 리스크 없이 나노에 20억을 대출해준 적이 있었다. 이때도 기은 은행장님을 잘 아시는 고향 선배를 통해 기업은행장님과 통화해 겸손한 마음으로 담당 직원을 칭찬해달라는 부탁을 드렸다. '기은 진주 지점 직원들이 고객(기업인) 애로 사항을 경청하고 능동적으로 대처해(기보의 보증을 끊은 일) 고객이 10억을 요청했는데 20억을 대출해준 사례가 있으니 이를 칭찬해 달라.' 이번에는 보다 큰 대박을 쳤다.

은행장께서 모든 지점장이 모인 사내 워크숍에서 진주 지점장을 일으켜 세워 칭찬을 하고 박수를 받게 하는 데까지 발전했다. 다음 정기 인사에서 진주 지점장은 원하는 지리로 영전했다.

나는 조준희 행장님을 기업은행장 재임 시 행장님실에서 한 번 뵌 적이 있다. 은행 평직원으로 출발해 은행장에 오르신 입지전적인 분이셨다. 늘 경청하고 격려하고 배려하는, 겸손한 마음이 몸에 밴 분이라는 것을 느꼈다. 기업은행과 거래하는 많은 기업인 하나하나에 대해 특별한 관심을 표출하시고 경청하셨다. 많은 기은 직원들이 그분의 연임을 원할 정도로 조직 구성원들의 두터운 신망을 받는 분이었다. 우리나라 시중 은행 역사로는 전무한, 역시 기은 출신 여성 은행장을 후임으로 세우시고 많은 분들의 아쉬움 속에 2013년 12월 27일 퇴임식을 하셨다. 퇴임 후 2014년 1월 8일에는 뜻하지 않게 전화를 주셨다. 올해도 어려운 해가 될 터이니 잘 살펴서 꼭 원하는 대로 성취하라는 격려의 말씀을 해주셨다. 그분의 한 마디 말씀이 가슴 깊이 박혀왔다. 참으로 세상 사는 지혜를 터득하신 겸손한 어른임을 다시 한 번 깨닫게 되었다. 이후 조 행장님이 YTN 사장으로 부임하셔서 찾아뵙고 인사 드리며 경영에 대한 귀한 조언을 듣기도 했다.

기업의 비전은 살아 움직여야 한다

계산하고 분석해 예측 가능한 것은 비전이 아니다. 미래의 모습을 구체적으로 보여주고(vision), 현재는 불가능해 보이지만 그것이 구성원의 열정을 바쳐서 할 만한 가치가 있음을 지속적으로 설득하는 메시지가 비전이다. 그래서 비전은 액자 속에 갇혀 있는 구호가 아니라, 구성원의 가슴속에서 살아 움직이면서 실패를 극복하는 희망과 새로운 도전을 불러일으키는 꿈이어야 한다.

비전과 관련해서는 대중소기업을 막론하고 '아름다운, 세계 일류, 글로벌 톱, 인간 중심……' 등의 단어들이 단골로 사용된다. 하나같이 손에 잡히는 구체성 없이 그저 액자에 박혀서 박제처럼 전시되어 사장실 벽을 장식하고 있고, 아무도그 뜻을 묻지 않고 대답할 준비도 되어 있지 않다. 그러나 개인의 삶과 마찬가지로 기업 경영에서 있어서도 가장 중요한 요소는 꿈이요 희망이다.

기업의 비전에 대한 나의 견해는 다음과 같다. 초등학교 사생대회에 참가한 두 아이가 있다. 둘 다 열심히 크레용으로 풍경을 그리고 있다. 한 아이에게 물었다, "그림을 참 잘 그리는 구나. 네 꿈이 무엇이냐?" "제 꿈은 피카소처럼 많은 사람들이 발견하지 못한 아름다움을 전해주는 화가가 되는 것입니다"고 말했을 때, 그 생각의 대견함에 머리를 쓰다듬어주며, 누구나 너는 꼭 훌륭한 화가가 되어 네 꿈을 이룰 수 있을 것이라 격려할 것이며, 또 그렇게 성장한 훌륭한 화가의 모습을 상상해볼 것이다. 다른 아이에게 똑같은 질문을 했을 때 "네, 저는 열심히 그림 연습을 해 피카소처럼 돈을 많이 벌 거예요"라고 했다면, 대부분의 사람들은 "그림을 팔아서 부자가 되는 것은 쉬운 일이 아니다"라고 충고하면서, 몽마르트 언덕에서 초상화를 그려주며 풀칠을 하는 가난한 화가를 상상할 것이다. 두 아이의 공통점은 똑같은 사람을 닮고 싶어 한다는 것이고, 차이점은 닮고 싶은 사람의 본질을 이해했거나 못했다는 것이다. 한 아이에게는 그림이 삶의 의미이고, 다른 아이에게는 수단이라는 것이 큰 차이점이다.

비전은 누구나 그려볼 수 있는 구체성이 있어야 하며, 동시에 구성원에게 이타적인 자부심을 제공해야 한다. 회사

“ 꿈꾼 것이 다 이루어질 수는 없으나 꿈꾸지 않은 것이 현실이 되는 경우는 없다. 우리 회사가 제공하는 제품과 서비스를 통해 어떻게 하면 나와 직원, 그리고 더 많은 고객이 더 많이 행복해질 수 있을까? 이 과정을 의미 있게 하는 것이 비전의 역할이다. ”

의 제품과 서비스를 통해 어떻게 더 많은 사람을 행복하게 만들 것인가를 짧고 명확하게 전달하는 것이 비전이다. 만약 지금하고 있는 기업 활동이 돈을 벌기 위한 수단이어서 흔히들 그러듯이 '매출 1조 기업'을 비전으로 택했다면, 구체적 목표는 있으되 이타적인 자부심이 없다. 그래서 비전을 통한 동기 부여가 없고, 이 비전은 구성원과는 상관없이 액자 속에 갇혀 있을 뿐이다.

1907년 헨리 포드는 "10~20년 후 우리의 꿈이 이루어졌을 때 미국 대부분의 길에서 마차가 사라지고, 우리가 만든 자동차가 짐과 사람을 실어 나르며, 우리 회사 노동자들이 자신이 만든 자동차를 몰고 다닐 것"이라는 구체적이고 이타적이며 충분히 열정적 동기가 부여될 수 있는 비전을 제시했다. 이 비전을 제시했을 당시 자동차 가격은 2000달러였는데 노동자의 1년 임금은 150달러였으니 누구도 실현 가능성을 믿지 않았다. 그러나 이 무모해 보이는 비전의 힘으로 대량생산이 가능해졌고, 낮아진 자동차 가격과 높아진 임금 덕분에 10년 후 포드사 종업원들은 자기가 만든 차를 소유할 수 있었다.

꿈꾼 것이 다 이루어질 수는 없으나 꿈꾸지 않은 것이 현실이 되는 경우는 없다. 우리 회사가 제공하는 제품과 서비스를 통해 어떻게 하면 나와 직원, 그리고 더 많은 고객이 더 많이 행복해질 수 있을까? 이 과정을 의미 있게 하는 것이 비전의 역할이다.

04

청년 창업은 신중해야 한다

한국은 청년이 제조업 창업을 하기에 좋은 환경이 아니다

청년에게 제조업 창업을 권유하는 것은 단기 군사교육을 마친 학도병을 첨단 무기로 훈련한 적들과의 싸움에서 승리를 기대하는 만큼이나 무모하다. KDI 보고에 따르면 1993년 창업한 중소제조업체 5만6000개 가운데 10년 후인 2003년 종업원 500인 이상으로 성장한 기업은 8개인 0.01%에 불과했다. 미국의 경우는 창업기업이 종업원

100인 이상으로 성장할 확률은 5% 달한다. 미국 내 신흥성장 기업의 숫자는 전체 기업의 5%가 채 되지 않지만 이러한 기업들이 새로운 일자리의 2/3 이상, 선진국 간의 경제 성장률 차이의 2/3 이상을 만들어냈다. 다시 말해서 신흥 성장 기업이 경제 혁신과 일자리 창출의 요체임을 증명하고 있다. 우리의 경우 지난 30년간 창업 중소기업의 10년 생존율이 5% 미만이고, 그 중에서 1조억(?) 원 이상의 중견기업으로 성장한 기업은 3개 정도에 불과하다. 이러한 처절한 우리의 창업 환경은 곧 창업은 곧 피할 수 있으면 피해야 하는 마지막 선택으로 인식되고 있다.

어떤 창업기업이든지 일정 규모(종업원 100인 이상, 매출 500억 원 이상)로 성장하려면 최소한 세 번의 문 닫을 위기를 극복해야 한다. 이러한 창업기업의 생존과 성장의 성공 확률을 높이기 위해서는 경쟁력이 있는 인력이 경쟁력이 있는 역량(자본, 기술, 시장)으로 집중해야만 가능하다.

이러한 관점에서 가장 성공 확률이 높은 창업은 최소 10년 이상 근무한 직원이 자신이 개발한 역량(기술, 특허, 시장)을 가지고 모기업의 지원을 받아 톱다운 형태로 스핀오프

해 창업한 경우라 하겠다. 이를 위해서는 모기업에서 개발한 자원과 역량 가운데 모기업의 성장 방향과 맞지 않아서 잠자고 있는 것을 과감하게 원하는 직원에게 무상으로 제공하는 제도를 만들 필요가 있다. 그리고 모기업의 이러한 조건 없는 제공에 대해 정부는 기업이 원하는 다른 방향의 합당한 인센티브를 제공해 지속적인 창업 씨앗을 가꾸어야 한다.

대기업뿐 아니라 대학, 공기업의 잠자고 있는 자원과 역량을 과감히 원하는 사람에게 풀어서 경쟁력이 있는 인력이 경쟁력이 있는 자원과 역량을 가지고 창업하게 함으로써 창업의 성공 확률을 높여야만 한다. 한때 벤처 기업 지원 그리고 이노비즈 기업 관련 지원 법과 정책은 이러한 잠자고 있는 자원을 과감히 풀고자 했으나, 지난 10년간 다시 조직 관리의 논리에 갇히고, 그 속의 규제의 단어를 확대 해석해 법 제정 취지에 맞게 운영되지 못하고 있다.

경쟁력이 있는 자원과 역량을 창업시장에 값싸게 제공해, 경쟁력 있는 창업자를 창업시장으로 유도하고, 이들에게 기업가 정신을 고양해 신흥 성장 기업의 성공 확률을 높이는 정책을 일관되게 추진해야 한다.

젊은이가 빨리 부자가 될 수 있는 지름길은 각 나라마다 다르다고 한다. 미국과 이스라엘에서는 창업을 하는 경우가 많고, 중국은 부모가 고위 공무원인 경우, 일본은 부자인 장인에게 선택되는 경우, 한국은 재벌의 아들로 태어나거나 재벌가와 결혼하는 경우가 많다고 한다. 미국과 이스라엘에서 유독 창업이 왕성하고, 실제로 창업이 국부의 원천으로 이어질 수 있는 이유는 무엇일까? 미국 나스닥에 상장된 기업 중 미국 기업을 제외하고 나머지 기업의 75%가 이스라엘 기업이 될 수 있었던 성과는 어디에서 비롯된 것일까? 이들 국가에서는 정부의 적극적인 벤처 자금지원, 우수한 기술인력을 배출하는 대학 등의 창업을 위한 기본 조건이 다른 나라에 비해 탁월해서일까? 그것이 정말 창업국가가 될 수 있는 필수 조건이라면, 우리는 지난 정부에서 각종 특혜를 주고 그렇게 열심히 지원했음에도 불구하고, 창업이 더 이상 젊은이의 관심을 끌지 못하는 이유는 무엇일까? 이스라엘은 48년 건국 후 일곱 번 이상 전쟁을 치르고, 척박하고 물이 없는 메마른 땅, 그리고 18세 이상 젊은 남녀가 장기간

군복무를 해야 하는 상황과 인구 700만의 작은 나라 등 우리보다 훨씬 열악한 조건임에도 불구하고 창업을 통해 경제 성장의 원동력을 확보 할 수 있었던 비결은 무엇인가?

한국은 창업국가가 아니라 체면국가

미국과 이스라엘 등의 창업국가와 대한민국의 가장 큰 차이는 창업을 보는 사회 분위기다. 공무원 시험을 포함한 각종 고시 공부를 하는 청춘들은 말 그대로 백수이지만 몇 년을 부모 지원을 받아서 거뜬히 버틴다. 그러나 같은 청춘이 창업을 위해 노력하고 있다면 시한부 지원에 시달릴 것이고, 이내 손을 들고 만다.

미국, 이스라엘 등 창업 국가와 한국의 가장 큰 차이점은, 이들 나라에는 벤처 창업을 통해 산업의 혁신을 일군 애플, 구글, 마이크로소프트, 페이스북 등 성공 스토리가 존재한다. 그러나 우리에게는 삼보컴퓨터, 새롬기술, 한글과컴퓨터, 메디슨 등이 더 이상 희망을 이야기하지 못하고 있다. 뚜

렷한 성공 스토리를 만들어내지 못한 상황에서 이공계 청춘들에게 창업을 권유하는 것은 무리다. 좀 더 직설적으로 말하면, 버젓한 대학을 나온 아들이 대기업이나 공기업에 취직하기보다는 창업하겠다고 한다면 쉽게 동의하기 힘들 것이다. 빌 게이츠가 창업을 위해 하버드를 중퇴한다고 했을 때 부모의 반대는 없었다고 한다. 아마 우리나라에서 비슷한 상황이 벌어진다면 단 한 명도 가능하지 않으리라. 벤처 1세대를 일구었던 분들이 만약 같은 열정과 노력으로 이들 창업국가에서 창업했더라면 지금쯤 글로벌 기업의 CEO로서 새로운 희망을 이야기할 수 있었으리라. 그렇지 못하고 지금 뒷전으로 물러나 무엇이 한국의 벤처 산업을 가로 막는 장애물을 비판하고 있는 현실 자체가 오늘날 젊은이들의 선택을 설명해주고 있다.

창업국가는 이민국가다. 이스라엘은 1948년 건국 당시 인구 80만 명으로 시작해 2010년에는 710만 명으로 인구를 늘였다. 유대계 이스라엘 국민 중 90%는 이민자이거나 이민 1세대 또는 2세대다. 다 알고 있듯이 미국은 이민국가다. 구글의 창업자 역시 러시아에서 일곱 살 때 수학교수인

아버지를 따라 미국으로 이민을 간 경우다. 이스라엘의 정책 연구소 로이(Reut)의 소장인 이디 그린스타인(Gidi Grinstein)은 이렇게 말했다. "이민자들은 다시 시작하기를 두려워하지 않는다. 그들은 근본적으로 위험을 무릅쓰는 사람들이다. 이민자들의 나라가 곧 기업가의 나라다." 2015년 이후 100만 명 넘는 난민을 수용한 독일에서도 창업자 중 이민자의 비율이 2003년 13%에서 2015년 44%로 증가했다. 영국의 경우도 2015년 기준으로 평생 거주자의 창업 비율이 5.3%인 반면 이민자의 창업 비율은 15.4%이다.

이디 그린스타인

우리나라는 체면국가다. 대기업 임원을 마치고 그 경험을 살려 중소기업에서 일하기보다는 아무런 실소득도 없고 실제로 하는 일도 없지만 대학의 겸임교수, 산학협동교수,

객원교수 명함을 들고 다니기를 원한다. 그래야 최소한 딸 혼사에 방해가 되지 않는다고 생각하는 체면국가다. 대학 졸업하고 중소기업에 취직할 수 있는 길은 외면하고, 몇 년을 공무원 시험이나 대기업 공채에 매달려도 크게 부끄러움을 느끼지 않는 체면국가다.

내가 하고 싶은 일에 전력해 행복하기보다는 남들이 나를 어떻게 생각하는가 하는 눈높이에 나를 맞추기 위해 애쓴다. 체면국가이기에 본인의 적성과는 상관없이 공부 잘하는 이공계 졸업자는 무조건 의대로, 문과는 그럴듯한 대학의 상경대로 보내야 자식 농사를 잘 지었다고 인정받는 사회다.

창업국가는 구성원 모두가 동등한 입장에서 소통하며, 승리를 위해 잘못된 경험을 반성하고, 집요하게 경쟁력에 접근하려는 노력을 칭찬하고 격려하는 문화가 형성된 나라다. 체면국가에서는 창업을 통해 신화를 보여주기에는 강물을 거슬러 올라가는 역주행을 감수해야 한다.

05

기업은 현장이다

기업은 현장에서 겪은 시행착오를 먹고 자란다

다양하게 많은 곳에 적용될 가능성이 있는 제품은 오히려 하나의 정확한 쓰임새가 있는 제품보다 상용화가 힘들다. 따라서 사업을 시작할 때는 다양한 쓰임새가 있을 수 있는 제품을 개발하기보다는 정확히 한 군데에 쓰임새가 확실히 있는 제품을 개발하는 편이 성공 확률이 높다.

1999년 창업 이전에 정부 연구개발 자금을 받아서 경상대학교 실험실에서 "고체 윤활제"를 합성하는 데 성공해

2건의 특허를 등록한 바 있었다. 텅스텐과 황을 고온에서 반응시켜서 이황화텅스텐(WS2)를 제조했는데, 이 화합물은 흑연과 같은 층상 구조를 가지고 있어서, 물질에 코팅하면 잘 미끄러지는 윤활 효과를 냈다. 그 이유는 책을 쌓아놓았을 때처럼 한 권의 책(층) 내의 모든 종이는 강하게 결합되어 있지만, 책과 책 사이(층간)는 아무 결속력이 없어서 쉽게 분리되는 것과 같은 이치다. 이 고체 윤활제를 합성해 먼저 자동차 와이퍼 고무에 코팅해 적용해보니, 와이퍼 고무와 자동차 앞 유리가 마찰을 일으켜 "삑, 삑" 하는 소리가 사라지고 매우 부드럽게 와이퍼가 움직이는 것을 확인했다. 이를 와이퍼 제조 공장에 소개해, 학생들과 학교 뒤편 창고에서 고체 윤활제 원료를 합성하고, 이를 코팅해 와이퍼 공장에 납품한 적도 있었다. 그 밖에 이 윤활제를 금속 캔에 장입해 분무하는 형태로 적용을 시도한 적도 있다. 이러한 시도들이 규모 있는 사업으로 발전하지는 못했지만, 시행착오를 겪는 동안 소재 부품 시장에 대한 경험을 하게 했다.

광촉매 제품은 현재 중국 자동차 제작사에 납품해 신차에서 발생하는 유기화합물을 제거하는 코팅제로 적용하고 있고, 고체 윤활제는 방위산업체에 납품해 정밀 부품의 마찰 저항을 감소시키고 내마모성을 향상시키는 데 적용하고 있다. 이런 제품들이 작은 시장이나마 현재와 같이 상용화되기까지는 개발 단계에서 부터 최소 10년 이상의 긴 시간이 소요되었다.

기업 경영에 안정기는 없다

2004년 말까지 우리가 공급한 촉매는 독일의 EnBW 발전사 한 곳밖에 없었다. 국내 촉매 시장은 아직 태동하지도 않았다. 그 당시는 매달 급료를 챙겨주는 일이 버거웠다. 그럼에도 불구하고 창업 이후 18년이 지난 지금까지 한 번도 월급날을 어겨본 적이 없는 것은 주위의 도움이 컸기 때문에 가능했으며, 늘 이에 감사하고 있다. 그 암흑기를 어떻게 버텨왔는지 지금 생각해도 믿어지지 않는다. 매일 등산을 하면서 혼자 죽고 싶다는 생각과 이를 떨쳐버리는 일을 반복했다. 나를 믿고 따르는 직원들을 살려야 한다는 책임감과 앞이 보이지 않는 절망은 조난을 당한 등반대장의 심정이었다. 내가 가고 있는 길이 모두를 살리는 길인가에 대한 확신도 없이 그저 살아 있으니 움직이고 목표와 방향도 없이 발걸음을 옮기다 보니 몸이 늘 붕 떠 있는 느낌이었다.

어렵게 2004년을 어둠을 헤치고 나오니, 2005년 국내 발전사의 입찰이 시작되어 빛이 보였다. 그러나 고대하던 시장에서도 유럽과 일본 회사의 조직적인 시장 선점은 가히 우리가 대적하기에는 역부족이었다. 일본 촉매 회사는 일본이 선점하고 있는 발전사 보일러 기술과 탈질촉매 설비 기술과 합해, 발전사에서 탈질촉매 설비를 지을 때 아예 일본 촉매만을 쓸 수밖에 없는 규격을 만들어서 다른 촉매 회사는 들어올 수 없게 했다.

이런 이유로 현재 국내 발전사 가운데 일본 기술로 탈질촉매 설비를 지은 곳은 한 곳도 예외 없이 초기에 일본산 촉매를 사용했고, 한국 시장 점유율은 60% 이상이었다. 더불어 유럽 촉매사도 한국 시장을 오랫동안 눈여겨보고 규제가 발동하기 전에 한국 지사를 오픈해 염가로 덤핑했다. 국내 발전사 입장에서는 오랜 기간 동안 많은 발전사에서 사

㈜나노의 글로벌 공장 – 스페인의 나노오토

용한 실적이 있는 촉매를 사용하는 것이 더 안전했다. 당연히 공급 실적이 많은 해외 촉매를 선호했다. 우리의 경우 겨우 독일 EnBW 한 곳에 촉매를 제공한 실적을 가진 상황이어서 모든 면에서 불리했다.

노무현 정부에서는 중소기업이 신기술로 개발한 제품을 적극적으로 공기업에서 사용하는 법규를 만들어서 국산 신기술 인증 받은 제품은 무조건 공기업에서 20% 이상 사용하도록 강제했다. 이에 부응해 한전은 모든 산하 발전 사장에게 중소기업 제품 사용을 창의적으로 고려하라는 권고를 했고, 신기술 제품 사용 실적을 산하 기관장의 경영평가

㈜나노의 글로벌 공장 – 중국 곤명의 나노 원료공장

항목으로 집어넣게 되었다. 그제야 모든 한전 산하 발전사가 국산 촉매 의무 사용 비율을 맞추려고 노력했다.

이처럼 새로운 정부가 중소기업 지원 정책을 펴고, 그 정책을 입안하신 분이 한전 사장으로 오게 된 덕분에, 그리고 그 한전 자회사 사장님이 국산 제품 사용을 적극적으로 고려한 덕분에 국내 발전사로는 처음으로 중부 발전 보령화력에 촉매를 공급할 수 있는 기회를 얻게 되었다. 이 실적을 바탕으로 국내 다른 발전사에도 의무 물량을 공급하게 되어 2005년에는 창사 이래 처음으로 흑자로 전환하게 되었다.

그 후 2009년에 대규모 공장을 짓고 난 뒤, 국내 발전사 초기 수요가 채워지면서 2011년에는 매출이 반 토막 나는 상황을 겪었다. 2013년에는 중국 수요 증가로 매출이 200% 이상 성장해 620억을 매출을 기록했다가 2014년 하반기부터 중국 내 공급업체가 우후죽순처럼 설립되어 수출이 격감해 매출이 350억대로 내려앉는 위기를 겪기도 했다. 그러나 2015년 하반기에 인수한 스페인의 자동차 부품 기업 '나노 오토'의 매출 기여가 커지고 정부의 미세먼지 대책으로 수요가 급증하면서 꿈에 그리던 매출 천억 달성을 조만간 실현할 것으로 전망된다. 창업 후 지난 18년간, 실험실 벤처에서 시작한 나노는 글로벌 기업으로 성장해 가고 있지만 연도마다 실적의 부침이 심한 편이어서 늘 새로운 시장을 찾아야 하는 긴장은 지금도 계속되고 있다.

기술은 현장에서 절박함을 먹고 큰다

2009년 설비를 확장해 상주공장을 짓는 데 마지막 남은 문제는 우리가 개발한 국산 장비로 제대로 된 제품을 생산 할 수 있는가에 대한 우려였다. 2008년 글로벌 경제 위기의 여파로 환율이 급상승해 외국산 장비를 수입할 경우, 그렇지 않아도 2.5배의 가격을 지불해야 했는데 원화 약세로 수입가격은 국산 제품의 3배 이상이 되었다. 외국산 장비를 수입해서는 도저히 향후 가격을 맞출 수 없었다.

책임자를 불러 마지막 지시를 내렸다. "우리 회사의 운명은 너에게 달려 있다. 우리가 10년 동안 대기업의 임가공을 하면서 언젠가는 독자적인 공장을 갖는다는 독기를 품고 공정을 개발하고 장비를 개발해 왔지만, 지난 두 차례의 압출기 개발은 실패했다. 한 번 더 실패하면 우리는 문을 닫아야 한다. 그러나 외국 장비를 사와서 제품을 만든다고 하더라도 장기적으로는 문을 닫아야 한다. 왜냐면 3배나 비싼 장비 투자로는 원가 경쟁력이 없을 뿐 아니라 외국 장비는 부품 재고를 항상 일정 부분 안고 가야 하므로 경쟁력이 없다. 유일한 대안은 이번에 제대로 된 장비로 제품을 만드는 것 외에는 살길이 없다. 회사의 운명을 너에게 맡긴다."

전쟁을 앞둔 장군이 부대원을 통솔하는 지휘자에게 마지막 당부를 남기는 듯한 분위기였다. 책임자는 장비를 설계하고 제조하는 업체에서 매일 밤낮을 지내면서 시행착오를 극복하고 제대로 된 국산 장비를 만들고자 노력했다.

만약 이 상황에서 훌륭한 MBA 교육을 받은 참모가 있었다면, 그는 어떤 제안을 했을지 상상해 본다. 그에게 공장 생산 설비의 공급 방안을 검토하라는 지시를 했다면 아마도 다음과 같은 보고를 했을 것이다. "국산 장비를 사용하는 것은 매우 리스크가 큽니다. 왜냐면 지난 8년간 국산 장비 개발을 위해 노력했으나 두 차례 다 실패했습니다. 만약 이번에도 실패한다면 공장 건물, 토지, 기타 설비 투자가 모두 물거품이 됩니다. 따라서 꼭 필요한 장비는 검증된 외국 장비를 도입하고, 국산 장비는 시간을 두고 개발을 병행해 차후 필요 시 이를 사용하는 것이 합리적인 대안입니다."

누가 보아도 그럴듯한 제안임에 틀림없다. 그러나 회사의 운명을 담보로 한 개발은 그 집중도가 틀리다. 만약 외산 장비를 도입하고 향후를 위해 차선으로 국산 장비를 개발하는 것을 시도를 한다면, 그 국산 장비는 결코 개발될 수 없을 것이다. 왜냐면 이미 공장이 돌아간 후에는 차선을 시도하는 개발에 대한 집중도가 낮아지기 때문이다.

이렇듯 절박한 상황에서는 성공을 향한 집중도는 차원을 달리한다. 어차피 외산 장비를 구입해 제품을 만들면 원가 경쟁력이 없고, 향후 생산 능력 증대 시나 부품 교체 시에 또 값비싼 외산 장비를 수입해야 한다. 이 참에 죽기 아니면 까무러치기로 집중해 국산 장비를 개발해야 한다는 것이 나의 판단이었다. 물론 잘못되면 모든 투자가 수포로 돌아가는 엄청난 리스크를 감수해야 했다.

회사를 운영하는 사람은 합리적인 대안이 늘 리스크를 줄여주는 것은 아니라는 점을 알아야 한다. 어떤 모멘텀에서는 비록 리스크가 크더라도 이를 감수할 수 있어야 하고, 이를 위해서는 평소에 신뢰로 뭉쳐진 운명 공동체적 정신(solidarity spirit)을 확보해야 한다.

2009년 9월 23일 준공식을 앞두고, 우리가 개발한 국산 압출기의 시험가동이 있었다. 모두들 숨죽이고 제품이 압출되는 것을 지켜보았다. 새 압출기는 우리가 기대한 것 이상으로 완벽한 제품을 술술 쏟아냈다. 명실공히 우리의 원료, 우리의 장비, 우리의 공정으로 이제 제대로 된 제품생산을 확인한 것이다. 이 벅찬 광경을 지켜보면서 나는 가 앞

"회사를 운영하는 사람은 합리적인 대안이 늘 리스크를 줄여 주는 것은 아니라는 점을 알아야 한다. 어떤 모멘텀에서는 비록 리스크가 크더라도 이를 감수할 수 있어야 하고, 이를 위해서는 평소에 신뢰로 뭉쳐진 운명 공동체적 정신을 확보해야 한다."

으로 세계 1위 회사로 성장할 수 있다는 확신을 얻었다. 새 장비 개발에 혼신을 다한 책임자에게 눈빛으로 무한한 신뢰와 격려를 보냈다.

이러한 우리의 성공 경험을 통해 이제 2013년 또다시 새로운 역사를 쓰게 되었다. 허니컴 촉매 생산라인은 초기 2500루베(m3, 우리 회사 촉매 제품을 계량하는 단위는 부피 단위로 m^3를 쓰고 'Lube[루베]'라고 읽는다)의 생산 능력에서 꾸준히 설비를 개발하고 보강해 4000루베를 거쳐서 2013년 상반기에 6000루베로 증가했다. 더불어 2014년 그간 우리나라에서 생산되지 않던 새로운 형태의 촉매인 플레이트 타입 촉매 생산 라인을 구축했다. 또한 2015년 중국에 나노 소유의 촉매 원료 제조공장을 확보하게 되었다. 이제 나노는 탈질 촉매 관련된 모든 기술을 갖춘 글로벌 1위 탈질 촉매 회사로 자리매김하게 되었다. 허니컴 촉매, 플레이트 촉매, 촉매 재생 기술, 촉매 성능 시험 평가 기술. 촉매 원료 제조 기술을 확보하게 되었다. 이렇게 되는 데 15년의 시간이 걸렸는데, 이러한 성과는 그 기간 동안 전 직원이 오직 한 길로 부단히 노력한 덕분이다.

중국 시장은 휘발성이 크다

중국 기업은 국영 기업과 사기업으로 나뉘는데, 국영 기업은 기업의 수는 적으나 규모가 크고 수익률이 높은 알짜 사업(정유, 통신, 발전 등)을 독점적으로 차지하고 있고, 먹거리 입을 거리등 일반 소비재와 같이 시장 규모가 작은 것은 민간에게 할애해 이 작은 시장을 두고 수많은 민간 기업이 치열하게 다투는 형국이었다. 따라서 중국의 민간 기업과 거래를 하다가 국영 기업과 거래해 보니 그 신용도와 사람들의 신사도가 확 다름을 체감했다. 국영 기업은 계약서대로 이행해 나갔다. 따라서 중국에서도 국영 기업과 거래한다면 리스크를 많이 줄일 수 있다는 것을 경험했다.

2012년부터 중국에서 새로 짓는 석탄 발전소에 의무적으로 SCR 설비를 갖추어야 하는 환경법이 적용되고, 2013년부터는 중국내 기존 발전소도 의무적으로 SCR 설비를 갖추어야 하는 법령이 통과되어서 중국이 새로운 거대 시장으로 떠오르게 되었다. 2012년에 들어서면서 중국 시장이 크게 움직이고 있다는 신호를 감지했다. 이미 중국에는 외국 기술을 이용해 10개 이상의 촉매 공장이 건설되고 있었다. 중국 시장에 촉매를 팔거나 우리가 갖고 있는 촉매 제조 기술을 팔기 위해서는 우리 회사의 강점을 부각시켜야만 했다.

이를 위해 우리 회사를 연구개발 전문 회사로 포장할 필요가 있다고 판단했다. 새로 부임한 산업은행 진주지점의 지점장님을 설득해 연구소 건물을 지을 자금을 승인받고, 2012년 4월 SCR R&D 센터를 준공했다. 그리고 공장 내 조경에 투자해 공장을 마치 R&D 공원처럼 꾸밈으로써 선체 공장이 하나의 R&D 센타로 인식되도록 했다. 이와 병행해 SCR 사업에 관심 있는 중국 사업가들을 적극 초청했다. 2012년 3월 이후에 거의 매달 한 곳 이상의 중국 회사가 나노 상주공장을 방문해 기술에 대한 브리핑을 받고 공장을 견학했다. 그리고 그해 6월에는 제5회 국제 SCR학술대회를 부산에서 개최하고 중국인들을 대거 초청했다. 실제로 제5회 대회에는 7개국에서 170명 이상이 참석했다. 새로운 참석자에게는 나노를 알리는 행사가 되었고, 유럽이 장기 고객에게는 연례적으로 친교를 나누는 행사로 정착되었다.

㈜나노 주최 제6회 국제 SCR 학술대회

4회 대회까지는 발전사 고객이 더 많았는데, 5회 대회부터는 선박용 SCR 관심을 갖는 참석자가 많아지며 향후 선박용 SCR시장의 부상을 예고했다. 실제로 2016년 1월부터는 모든 신조 선박에 탈질 촉매를 해양 환경법이 시행되었다.

중국의 발전소 운전 조건은 한국보다 열악하므로 안정된 운전 조건에서 높은 성능을 나타내는 허니컴 타입(세라믹 제품을 통째로 압출하는 형태) 촉매보다는 성능은 떨어지나 열악한 운전 조건에서도 잘 견딜 수 있는 플레이트 타입(금속망에 촉매 원료를 코팅한 제품) 촉매가 필요할 것이라 예상했다. 이러한 시장 경험을 바탕으로 2013년은 두 가지 투자 방향을 세웠다.

현재 촉매 원료는 중국 내 백색 안료 원료 회사를 물색해서 우리의 기술을 이전하고 임가공 생산을 하니 역시 이익을 많이 낼 수 없었다. 그뿐 아니라 우리의 기술을 이전받은 중국 원료 회사가 독자적으로 촉매 원료 시장에 진입해 우리의 경쟁사가 되었다. 결국 우리의 기술만 유출하는 형국이었다. 따라서 플레이트 촉매와 원료 제품에 대한 우리의 독자적인 공장을 확보하는 것이 향후 나노의 매출 확대와 영업이익 증가를 위해 필요하다고 판단했다.

촉매 원료의 경우 중국에는 이미 2013년 초 20개의 허니컴형 SCR 공장과 3개의 플레이트 타입 촉매 공장이 가동 중에 있고, 이들의 총 생산 물량은 약 15만m^3로 이 제품의 생산에 필요한 원료의 양은 약 7만 톤이 요구되었다. 원료에 대한 수요도 확대되리라 전망했다.

2013년 초에 신은 진주 지점장을 수정 인사차 뵙게 되었다. 이 자리에서 금년 사업계획을 설명하면서 자연스럽게 플레이트 타입 촉매 공장의 필요성을 별 기대 없이 언급했다. 지점장님은 너무도 쉽게 총 소요 비용 약 90억 원 지원을 약속했다. 재임 기간 중 우리 회사를 지켜보고 신뢰가 쌓여서 해주신 결정이라 생각되었다. 2013년 3월에 플레이트 타입 촉매 제조 설비를 수입하는 계약을 독일 장비 제조사와 체결했다. 11월에 플레이트 촉매 생산 라인을 설치하게 되었다. 허니컴 설비도 그간 4000루베에서 생산 능력 연

간 6000루베 증설을 2013년 8월 16일 완료했다. 이 설비 증설을 통해 그간 주말에도 생산인력을 투입하던 것을 주말에는 쉬는 방향으로 근무 시간을 조정할 수 있었다. 복지 설비로는 회사 내 헬스장, 라이트가 설치된 풋살 잔디 구장, 상주 휴양림에는 직원 가족을 위한 펜션을 건축해 운영하고 있고, 전국 체인의 콘도 2구좌를 법인 명의로 구입해 직원 가족이 연중 사용 가능하도록 했다. 중소기업으로는 드물게 복시시설을 구색 있게 갖추고 기업경영 이념인 직원의 행복을 차근차근 실천하게 되었다. 2013년에는 중국 내 원료 판매가 약 250억, 그 외 촉매 판매가 약 370억의 매출로 연결되어 총 매출 620억을 달성했고, 창사 이래 처음으로 성과급을 지급했다.

중국 내 원료 공장을 매입하기 위해 많은 노력을 기울였다. 최종적으로 중국 운남성 쿤밍(곤명)에 위치한 오래된 TiO2 공장을 지분투자 형태로 받아서 대대적인 신규 설비 투자를 해 연간 1만 톤 규모의 신규 촉매 원료 공장을 설립하는 합자 계약을 2013년 12월 13일에 체결했다. 이후 2014년부터 2015년 상반기까지 약 200억 원 규모의 설비 투자를 해 2015년 하반기부터 본격적으로 촉매 원료를 생산하고 있다. 2014년부터 2016년 상반기까지는 약 7개의 원료 공급사가 원료를 공급하며 출혈경쟁을 벌였으나, 2016년 하반기에 경쟁력 없는 원료 업체가 정리되어 현재는 나노를 포함한 3개사만 현지 촉매 제조사에 원료를 공급하고 있다.

2014년 초 나노 차이나 법인장의 보고에 따르면, 중국의 허니컴 촉매 공장 수가 이미 55개에 육박한다고 하니 2012년 초에 한두 개 있었던 상황과 비교하면 중국인의 기술 복사 및 전파 속도는 가히 상상을 초월한다고 하겠다. 2013년 일시적인 중국 매출 증가로 인해 향후 중국 수요에 대한 기대감으로, 허니컴 촉매의 생산능력을 증가시킨 설비투자를 했고, 국내 화력 발전소의 플레이트 촉매 수요 증가에 대비해 플레이트 신규 설비를 구축했으며, 동시에, 중국 내 원료 공장을 추진했다. 그러나 많은 수의 중국 로칼 기업이 새롭게 설립되고, 이들 기업이 빠른 속도로 설비투자를 하고, 신규 중국 업체 간 과당 경쟁으로 제품 가격이 낮아짐에 따라 나노 제품이 중국 시장에서 설 자리가 없어지게 되었다. 원료 업체 또한 7개 업체가 과당 경쟁을 해 공급가격이 낮아지고 전형적인 을의 입자에서 공급함에 따라 채권회수가 늦어지는 악재가 겹치게 되었다. 일반적으로 중국 시장은 제품의 종류와 상관없이 새로운 시장이 형성되면, 공급 업체가 단기간에 기하급수적으로 늘어나고, 업체간 과당 경쟁으로 가격이 낮아지게 되며 이를 버티지 못하는 기업이 퇴출되면서 낮은 가격이 장기간 유지되는 전형적인 저가 시장이 형성되는 과정을 밟게 된다.

기업 실적은 과거를 반영하고
기업 주가는 미래를 반영한다

나노는 2015년 코스닥 상장 후 2년간 세 번의 상한가를 기록 했다. 그러나 그동안 기업 실적은 적자를 면치 못했다. 2016년 미세먼지 대책의 일환으로 환경부 조사 결과 초미세먼지를 생성하는 원인 중 68%가 화력 발전소나 공장의 보일러에서 발생하는 질소산화물임이 밝혀졌다. 이에 기초해, 전국 화력발전소 및 산업용 보일러에 대한 질소산화물 규제

2015년 4월 30일 ㈜나노 코스닥 상장

가 대폭 강화되었다. 이런 뉴스가 연일 방송되는 동안 주가는 급상승했다. 그러나 실제 실적은 2016년 말부터 탈질촉매 수요가 크게 증가해, 2017년부터 영업실적에 반영된다. 이후 향후 4~5년간 국내 화력 발전소의 탈질촉매 수요는 규제가 시작된 이래 가장 큰 시장이 형성될 예정이다.

글로벌 시장 현황과 관련해, 2016년 11월 4일 전 세계를 의무 국가로 하는 기후변화협약이 발효되었다. 이는 선진국을 대상으로 한 이전의 교토의정서를 대체해 2020년부터 적용된다. 이러한 글로벌 기후변화협약으로 인해, 화석연료 사용 시 배기가스 규제가 강화되므로 자연스럽게 신재생에너지원인 태양열과 풍력 등 배기가스가 없는 고가의 에너지원으로 변화가 가속되리라 예상했으나, 미국의 트럼프 대통령의 당선으로 공약 중 하나인 화석연료를 에너지원으로 부활시키는 정책이 시행될 것이 확실시된다.

나노 입장에서 가장 바람직한 글로벌 에너지 정책은 화석연료의 사용 확대와 그 연소로 인한 배기가스 규제의 강화다. 다행히 트럼프 대통령의 에너지 정책과 기후변화협약은 이 두 조건을 앞과 뒤로 만족시켜주고 있다. 이런 이유로 미국의 석탄 발전소 가동 연한이 연장되고 가스발전소 가동이 확대되어 탈질촉매 시장이 커지리라 예상된다. 다른 선진국 또한 염가의 에너지를 공급해 산업 경쟁력을 향상시키기 원하므로 이 추세를 따를 것이다. 그러나 이미 정해놓은 배기가스 규제는 점점 강화될 것이다. 기업 주가는 미래 실적에 영향을 미치는 이러한 대외 환경 변화에 민감하게 반응한다.

06

–

희망은 있다

명예로운 기부 문화가 일류 국가를 만든다

미국이 200년 만에 세계 제일의 국력을 가진 국가가 된 것은 기부를 통해 개인의 부를 사회 인프라 향상에 사용했기 때문이라고 생각한다. 이는 더 나은 창조적인 기업가를 탄생시키는 배경이 되었고, 이 성공을 통한 기부의 순환이 미국의 국력을 키운 중요한 원인 중 하나다. 우리도 기업가가 일군 재산을 자식에게 물려주기 위해 자원의 효율성을 낭비할 것이 아니라 더 나은 창조적인 기업가를 국가가 만들 수 있도록 사회 분위기를 조성할 필요가 있다.

이런 관점에서 철강왕 앤드루 카네기(1835-1919)의 일대기는 우리 사회에 시사하는 바가 크다. 카네기는 14세에 전보 배달부로 시작해 전신원을 거쳐 당시 전보로 운행을 관리하던 철도회사 직원과 감독을 경험하고, 레일 제조회사, 철교 제작회사, 그리고 제철회사를 설립해 재산을 모은 후 66세(1901년)에 회사를 매각(4억 8000만 달러)하고 84세를 일기로 사망하기까지 전 재산의 대부분을 교육 및 문화기관과 선한 일을 하는 재단을 설립해 기부했다. 청교도 집안에서 자라면서 노예해방을 강력히 지원한 평등한 인간관, 공정한 분배의 원칙을 지킨 인생관을 좇아 주위에 능력 있는 사람들이 모였고, 그는 이들이 열정을 다할 수 있는 일터를 만들어 갔다. 더불어 그의 일생 동안 추구한 직업의 변화에서 보듯, 자신이 경험해 잘할 수 있는 한 가지 사업을 붙잡고 지속적으로 그 본질에 투자하는 사업관과 예지력으로 경쟁력을 확보해 회사를 키울 수 있었다. 여기까지는 우리 1세대 사업가들과 별반 다를 바 없다. 다만 수익률이 지속적으로 상승하던 시기에 회사를 매각하고 자신이 아무런 영향력도 행사하지 않는 조건으로 국가의 교육과 문화 인프라 구축을 위해 기부한 것은 우리가 경험하지 못한 바다.

무엇이 110년 전 앤드루 카네기로 하여금 이런 결단을 하게 할 수 있었을까? 물론 그의 인격과 종교적 신념이 첫 번째 이유이겠지만, 건국 초기 미국 사회에서는 금력과 권력을 버리고 명예를 택한 국민에 대한 국가의 지극한 예우가 그런 결정에 큰 영향을 주었으리라 믿는다. 권력을 버리고 명예롭게 퇴진한 조지 워싱턴 초대 대통령을 1달러 지폐의 인물로, 평생 모은 재산을 사회에 기부하고 높은 인격을 보여준 벤저민 프랭클린을 100달러 지폐의 인물로 선정해 미국인뿐 아니라 세계인이 흠모케 하고 있다.

오늘날 카네기-멜론 대학에서 인재를 키우고, 카네기 홀에서 공연하며, 미국 전역의 수십 개의 카네기 공공도서관에서 공부한 미국인은 마이크로소프트, 구글, 애플, 그리고 '아바타'를 탄생시켰고, 이렇게 성공한 기업인은 다시 제2, 제3의 앤드루 카네기가 되어서 모든 젊은이가 닮고 싶어하는 영웅이 되고 있다. 미국의 신뢰성 있는 전략연구소를 운영하는 조지 프리드먼은 그의 저서 『100년 후』에서 "미국이 향후 100년 내에 세계 패권 국가의 지위를 잃을 가능성은 없다"고 했다. 나 또한 전적으로 동의한다.

왜 우리는 이런 기업인을 갖지 못했던가? 긴 세월 가운데 태양에 바래져서 역사는 되지 못했지만, 월광에 비쳐서 전설로 남아 있는 상업인이 없지는 않으리라. 그러나 물려받은 재산을 전부 독립운동에 투자하고도, 그 식솔과 자손이 한 줌의 명예도 얻지 못하는 것을 보아온 우리 기업 1세대는, 국가와 사회를 위해 선 재산을 기부하는 것은 명예도 얻지 못하고 돈도 잃는 선택이라 생각했을 것이다.

이제라도 국가는 건전한 기업 활동으로 모은 재산의 대부분을 사회에 환원한 기업인에게는 그 기여도에 따라 최상의 경우 "국가 영웅"의 명예를 부여하고, 살아서는 고위 공직자에 버금가는 예우와 죽어서는 사회장에 버금가는 장례를 치러주며, 지폐의 인물로 선정해 명예를 드높여줄 필요가 있다. 그리고 남아 있는 가족에게는 기존의 보훈처에서 제공하는 수준을 뛰어넘는, 대통령 유가족에게 국가가 부여하는 수준의 사회 안전망을 제공하는 특단의 조치를 고려해봐야 한다.

그러지 않으면 기업인은 세습을 위해 불법을 저지르고, 창업은 희망을 주지 못한다. 젊은이들은 자기 부모가 부자가 아닌 것을 한탄하며, 똑똑한 이들은 교사나 의사나 공무원 같은 안정적인 일자리만 찾게 되어 미래 성장동력을 잃을 것이다. 젊은이에게 꿈과 희망과 열정을 불러일으킬 수 있는 파격적인 명예 정책이 지금 당장 일자리를 만들어주는 것보다 국가가 꼭 해야 할 사업이다.

청년이 희망을 갖지 못하는 나라에 미래는 없다

미국이 짧은 역사에도 불구하고 세계 초강대국의 지위를 확보하고 흔들림이 없는 위치를 유지하는 이유 중 가장 큰 것은 젊은이가 꿈을 가지고 열심히 노력하고 그 꿈의 결실로 얻은 성과를 아낌없이 사회에 환원하는 정의의 역사가 정착되어 있기 때문이다. 카네기에서 시작한 기부의 행렬은 빌 게이츠, 워렌 버핏을 통해 오늘도 이어지고 있고, 또 많은 젊은이가 구글, 페이스북, 애플의 꿈을 펼쳐가고 있다.

그러나 우리나라 30대 대기업은 대부분 부모에게 물려받은 회사이고 이를 또 자식에게 대물림하고 있다. 그런 과정을 지켜보는 가운데 가장 큰 피해를 보는 것은 우리의 젊은이다. 왜냐면 그들이 가질 수 있는 꿈이 어디에도 없기 때문이다. 돈 많은 부자 부모는 그들이 선택하고 노력한다고 얻어질 수 있는 것이 아니지 않은가? 그것 외에는 성공의 사다리가 없다면 정의의 사다리를 걷어찬 기성세대가 비난받아야 할 것이다. 이제라도 가진 것 없는 우리의 젊은이들도 성공할 수 있다는 희망의 사다리를, 열심히 기술을 개발하고 노력하면 우리의 중소기업들도 대기업으로 성장할 수 있다는 희망의 사다리를 놓아주어야 대한민국이 더 자랑스러운 우리의 조국이 될 수 있다.

오늘 우리가 살고 있는 대한민국은 하루 자살자가 46명에 이르고 있다. 1년이면 1만6790명이다. 이는 이라크 전쟁에서 희생된 군인의 숫자에 비할 바가 아니다. 나아가 실제 자살을 시도하는 숫자는 자살자의 20배에 달한다고 한다. 경상수지 흑자로 달러는 차곡차곡 쌓여가는데, 코스닥 등록 기업의 1/3은 적자이고, 비정규직과 백수를 전전하는 청춘의 숫자는 줄지 않을 뿐 아니라, 나이 오십 언저리에 직장에서 은퇴한 장년은 체면 불구하고 소일거리를 찾기 위해 분주하다. 이 땅의 중소기업은 더 이상 희망의 등불도 아니고, 청춘은 더 이상 부러움이 아니며, 늘어난 수명도 축복이 아니다.

국부의 원천인 수출의 약 70%를 과점하는 소수의 대기업이 벌어들인 돈이 해당 기업에 갇혀 있다. 대표 전자회사의 고위 임원 평균 연봉이 50억, 자동차회사는 20억이라고 보도되었다. 중소기업의 임원의 약 50배 이상의 액수다. 일하는 시간, 일의 강도나 수준이 그렇게 차이 나는 것은 아니다. 중소기업 부품을 끼워서 밖에서 팔면 안에서 나눠줄 줄도 알아야 하는데, 밖에서 벌고 다시 안에서 쥐어짠다. 국내 대기업에 전량 납품하는 중기는 이익률 3%를 넘지 못하고 있다. 그나마 글로벌 틈새시장을 처음부터 개척한 중기는 나은 편이다. 일본과 같이 대기업이 국민기업화 되어 있지 않아서, 우리 재벌은 오너 경영을 할 수 있었기 때문에 빠른 의사결정을 내릴 수 있었고, 이것이 오늘의 한국 경제의 원동력이라고 한다. 그렇다면 어느 경제 선진국에서도 찾아볼

“이제라도 가진 것 없는 우리의 젊은이들도 성공할 수 있다는 희망의 사다리를, 열심히 기술을 개발하고 노력하면 우리의 중소기업들도 대기업으로 성장할 수 있다는 희망의 사다리를 놓아주어야 대한민국이 더 자랑스러운 우리의 조국이 될 수 있다.”

수 없는 대한민국 대기업과 중소기업 간에만 존재하는 불공정 거래의 원인은 어디에서 비롯된 것인가?

중국의 사마천은 "자기보다 열 배 부자에 대해서는 욕을 하고, 백 배가 되면 무서워하고, 천 배가 되면 부자 일을 대신 해주고, 만 배가 되면 부자의 노예가 된다"라고 했다. 부의 크기에 따라 부자가 나에게 미칠 수 있는 영향력의 크기가 그만큼 커지기 때문이다. 자본주의, 시장경제에만 맡겨 놓으면, 일하고 제값을 받지 못하는 노예의 수가 늘어갈 뿐이다. 그 짓을 하느니 차라리 놀겠다는 청춘이 많아질 뿐이다. 그러다 지쳐 희망을 잃고 생명줄을 놓게 된다. 이 땅에 사는 젊은이와 늙은이, 그리고 중소기업인과 자영업자의 삶의 존엄이 끝 모르게 피폐해져 생명줄을 놓지 않도록 해야 한다.

이공계에 최우등 인재가 지원하지 않은 지 벌써 20년이 되었다. IMF 구제금융 이후에 40대 전후의 한창 일할 이공계 전문 인력이 먼저 길거리로 나앉기 시작하면서 남아 있는 사람이나 쫓겨난 사람 모두 이공계 지원을 후회했다. 자식만은 절대 이공계로 보내지 않으리라 결심한 지도 20년이 되었고, 이런 분위기에서 이공계에 입학한 수험생은 이제 30대 중반이 되었다. 이들에게 산업의 핵심 기술을 맡기기에는 아직 부족하다. 그나마 IMF 이후에 우리산업을 성장시킨 핵심 인력은 70년대와 80년대 학번의 우수한 이공계 인력이었다. 앞으로의 경제 성장을 위해서도 이공계 인재 육성에 국가의 역량의 집중해야 한다. 이공계 인재 육성은 성장의 연속성을 위한 장기 과제다.

대학, 정부출연연구소, 기업에서 이미 충분한 역량을 쌓은 전문 인력을 산업 현장으로 끌어내야 한다. 각기 소속 기관에서 자신이 개발한 지적재산권을 대가 없이 과감히 발명자에게 제공하고, 이를 밑천으로 금융을 일으켜서 창업할 수 있도록 하되, 본인이 원하면 일정 기간 동안 겸직이 가능하도록 해 창업 리스크를 줄여주어야 한다. 그리고 회사를 창업하고, 성장시키는 과정에 투입한 개인의 노력에 걸맞은 대가를 획득할 수 있도록 공정하게 보호해야 한다. 탐나는 기술과 상품을 뺏기지 않고 온당한 값을 받고 팔 수 있도록 M&A 시장에 더욱 인센티브를 부여하고 기술 IPO 시장의 규제는 과감히 풀어야 한다.

우리의 공학 교육의 첫 번째 목표는 어떻게 교육을 가치로 전환시킬 것인가에 역점을 두어야 한다. 우리나라는 전 세계에서 소득 대비 교육비 지출 1위 국가다. 그러나 이 교육이 시장 가치로 연결되어 공공의 이익으로 전환되는 고리는 매우 약하다. 교육을 통해 자신의 몸에 맞는 새로운 도전을 꿈꾸기보다는 어떻게 하면 오랫동안 안정적으로 살아가는 직장을 택할 것인가에 더 몰두하는 사회 분위기를 바꾸어야 한다.

대한민국의 힘은 경쟁심이다

우리에게는 분명 강점이 있다. 6·25 전쟁으로 희생된 민간인은 약 400만 명, 북한군과 중공군 150만, 국군과 유엔군 약 50만 명 등 총 600만 명의 희생자를 낸 전쟁은 그 숫자만으로도 충분히 상상되는 참혹한 상황이었다. 건물은 잔해만 남고 맨발에 먼지만 풀썩거리던 그 서울에서 1988년에 세계 159개국이 참가한 올림픽을 훌륭히 치렀고, 대한민국은 소련·동독·미국에 이어 종합 4위의 성적을 거두었다. 2002년 월드컵에서도 우리는 4위의 성적을 거두었다. 6·25 전쟁 휴전 52년이 지난 2005년 대한민국은 GDP 7930억 달러로 인도를 제치고 미국, 일본, 독일, 중국, 영국, 프랑스, 이탈리아, 캐나다, 스페인에 이어 세계 10위의 경제 규모를 이룩했다. 우리보다 앞선 9개국 가운데 우리보다 인구가 적거나 영토가 좁은 나라는 없다. 그리고 2013년 서비스를 제외한 제조 및 수출만으로는 세계 5위에 오르는 위업을 달성했다. 적은 인구, 좁은 영토에도 불구하고 세계에서 가장 짧은 기간 내에 엄청난 경제성장을 달성한 것이다.

우리에게는 분명 우리 스스로 깨닫지 못하는 엄청난 저력이 있다. 무엇이 지난 50년간 우리를 이토록 내달음 치게 했는가. 흔히들 우리 경제 성장의 가장 큰 원동력은 높은 교육 수준이라고 한다. 그러나 실제로 서울대학교의 경쟁력이 세계 100위권이고, 지방 국립대 가운데는 경북대가 세계 500위권의 말석을 차지하고 있는 상황에서 대학 교육의 품질이 선진국에 버금간다고 주장하는 것은 무리가 있다. 결국 교육 수준이 높아서라기보다는 교육열, 다시 말해서 어렸을 때부터 경쟁심을 유발시킨 교육적 분위기가 가히 세계에서 가장 뜨겁다고 해도 큰 반론은 없을 것 이다.

우리의 비이성적인 교육열을 대변하는 지표로 80%에 달하는 고교 졸업자의 대학 진학률, 미국 유학생수 세계 1위를 들 수 있다. 그러나 인구당 인터넷 및 휴대폰 가입률이 세계 1위인 상황은 교육열로 같이 묶어 설명할 수는 없다. 이를 같이 설명할 수 있는 것은 결국 "남이 하는 것은 나도 악착같이 해야 한다"는 심리다. 교육열이 세계 1위라기 보다는 경쟁심이 세계 1위이고, 이 지독한 경쟁심을 가장 소중한 대상인 자녀의 교육에 심은 것일 뿐이다. 이러한 몰이성적인 경쟁심을 진정하기 위한 어떤 새로운 제도를 만들어도 이를 뛰어넘어 새로운 문제가 파생된다. 정부가 교육제도의 개선을 통해 학교 교육을 내실화하고 평준화할 수 있다는 발상은 강남 집값을 잡기 위해 각종 세금을 올린다는 발상만큼이나 시장의 흐름을 읽지 못한 것이다.

"사촌이 땅을 사면 배가 아프다." 나라마다 국민마다 차이는 있겠지만, 아마 그 배 아픈 정도가 가장 심한 나라가 우리일 것이다. 우리 국민이 우리 안방에서 치른 올림픽과

월드컵에서 4위를 하고 세계 10위의 경제규모를 이룬 것은 아이러니하게도 이 강한 경쟁심이 국가 간의 경쟁의 상황에서 우리끼리는 형제 이상의 결속력으로 뭉쳐 엄청난 시너지 효과를 발휘하기 때문이다. 조선, 반도체, 철강, 자동차, 건설 등 우리를 먹여 살리는 산업의 경쟁력은 그 분야 종사자의 교육 품질이 세계 1위 수준이라서가 아니라, 앞서가는 외국 회사를 어떻게든 따라잡으려는 경쟁심이 부지런함과 열정과 상상력을 이끌어냈기 때문이다. 경쟁심이 팽배한 사회는 역동적이며 끊임없이 새로운 변화를 추구하는 장점이 있다. 그러나 기존의 가치를 쉽게 부정하고 가끔 극단을 선택해 사회가 불안정한 단점도 있다.

통일이 희망이다

10년 후 대한민국은 두 가지 큰 변화를 겪게 될 텐데 이는 우리에게 절호의 기회일 수도, 또 큰 위기일 수도 있다. 하나는 남북한이 통일된다는 것, 다른 하나는 중국이 세계

1위의 경제 대국이 된다는 것이다. 결국 통일 대한민국은 세계 1위의 경제대국인 중국과 육로로 연결된 하나의 경제권이 될 수 있다. 통일 한국의 인구는 7000만, 영토는 영국에 견줄 만하다. 우리가 이 기회를 잘 활용할 수 있다면 남한은 첨단 산업·금융·서비스 중심으로 발전하고, 북한은 풍부한 광물과 양질의 노동력이 남한의 기술력과 결합해 전통적인 제조업 국제 경쟁력이 세계 일류 수준으로 향상될 것이다. 여기에 이미 세계 1위의 경제규모로 성장한 중국은 인건비와 사회 간접비가 치솟아 제조업의 경쟁력은 낮아지게 되고, 북한 지역에서 생산되는 일용상품과 남한 지역에서 생산되는 첨단제품 및 각종 서비스업은 중국을 주된 시장으로 해 성장할 것이다. 이렇게 될 때 20년 후 대한민국은 중국, 미국, 일본, 독일과 대등하게 세계 5위권의 경제 규모를 달성할 수 있을 것인데, 다만 그 성패는 이를 어떻게 준비할 것인가에 달려 있다.

"통일 한국의 인구는 7000만, 영토는 영국에 견줄 만하다. 우리가 이 기회를 잘 활용할 수 있다면 남한은 첨단 산업·금융·서비스 중심으로 발전하고, 북한은 풍부한 광물과 양질의 노동력이 남한의 기술력과 결합해 전통적인 제조업 국제 경쟁력이 세계 일류 수준으로 향상될 것이다."

사람이 재산이다

2016년 3월12일 명예 퇴임식을 가졌다. 이 퇴임식에는 그간 짧게는 20년, 길게는 40여 년 가까이 깊은 교분을 갖고 진심으로 내가 잘되기를 바라며 염원해 주신 분들을 초대했다. 1989년 영국 케임브리지 유학 시절 처음 뵙고서 그 이후 나의 멘토로서 역할을 기꺼이 수행해 주시고 인생의 고비마다 격려해 주시고 방향을 가르쳐 주신 한태선 교수님 부부, 대학 1학년 때 만나서 지난 세월 동안 대한민국 최고 과학자의 롤 모델을 보여준 김광욱 박사님 부부, 40년 가까이 우정을 나누면서 항상 행동으로 가르침을 주는 이민구 원장님 부부, 아랫집 윗집의 인연으로 만나서 높은 도덕과 인격으로 누구에게나 귀감이 되는 신광호 선생님 부부께서 참석해 주셨다. 그리고 같은 학과에 재직하며 늘 그 인격을 존경해온 배원태 교수님, 창업 당시 가장 많은 조언를 해주었을 뿐 아니라 훌륭한 인격의 표상으로 귀감이 되는 류한춘 교수님 부부도 참석해 주셨다. 더불어 지금은 대부분 회사 직원이 된, 경상대에 재직한 지난 21년간 연구실에서 공

2016년 3월 경상대학교 명예퇴임 기념 사은회

부했던 제자와 그 부인들, 그리고 이분들의 자녀들이 모두 참석해 부족한 한 사람의 생애 동안 얼마나 많은 사람들의 믿음과 신뢰를 받았는지 실감케 했다. 이분들이야말로 내 삶에서 얻은 가장 귀한 자산이다.

맺는말

지난 20년간 우리나라에는 10년 주기로 경제위기가 닥쳐왔다. 1997년 국가 부도로 인한 IMF 구제금융, 2008년 글로벌 경제 위기, 2017년 총생산인구 감소와 2% 저성장 시대의 돌입이 그것이다. 처음 두 번의 위기는 국민과 정부의 단합된 노력으로 단기간에 마무리 되었으나, 2017년부터 시작되는 경제 위기는 노령인구증가, 국가 지도력 약화, 핵심산업의 경쟁력 저하와 주요 통상국의 보호무역 심화가 맞물려 자칫 향후 수십 년간 좀체로 헤어나오기 힘든 소비 절벽과 취업절벽이 구조적인 덫이 예상된다. 기업 구조조정은로 직장을 잃은 장년은 다시 소비 절벽에 동참하고, 청년실업자와 노후대책 없는 노인 인구의 증가는 저성장과 맞물려 양극화가 심해지고 절망을 깊게 할 것이다.

어떠한 단기처방도 우리가 처한 위기를 빠른 시간에 회복시키기는 힘들 것이다. 단기간에 위기를 극복하려는 조급한 시도보다는 우리 앞에 펼쳐진 현실을 직시하면서 우리 사회의 거품을 걷어내고, 모든 자원을 미래 경쟁력 관점에서 우선순위를 정해 효율적으로 집행해야 한다. 그러기 위해서는 무엇보다 지도자와 각 분야 엘리트들이 정직하게 현실을 고백하고 그들이 먼저 솔선수범해 희생하는 모습을 보여주어야 한다.

지도층은 그들의 오늘이 있게 한 국가와 사회에 대한 빚진 심정으로 양극화와 청년층의 좌절을 치유하는 데 책임감을 갖고 적극적으로 기여해야 한다. 그리해 물밀듯 쏟아지는 사회적인 약자를 진정으로 따뜻하게 품고 그들의 삶의 질을 향상시켜 이렇게 긴 터널도 언제쯤 끝날 수 있다는 희망을 갖게 해야 한다.

청년 시절에 우연히 만난 어느 한학자 한 분이 내 이름 세 글자를 초성으로 해 다음과 같은 칠언절구를 지어준 일이 있다.

申理開言吾實行 (신리개언오실행)
내가 말한 것을 모두 실행하고

天生素質精進誠 (천생소질정진성)
타고난 소질을 성실하게 갈고 닦아서

東西文物窮極盡 (동서문물궁극진)
동양과 서양의 문물의 다 섭렵한 후에는

佑補左弼淸雲永 (우보좌필청운영)
우측에서 돕고 좌측에서 도와 청운의 뜻을 이루리라

그때 처음 뵙고 다시 본적이 없는 분이지만, 이름 세 글자(신동우[申東佑])를 초성으로 '行', '誠', '永'의 운자까지 맞추어 절언절구를 지으신 것을 보면 상당한 수준이신 듯하다.

이 비전을 따라 인생의 전반부는 타고난 소질을 길러 부모님께 자랑스러운 아들이 되기 위해 열심히 공부했고, 동양(일본)과 서양(독일, 영국)에서 두루 학문을 했으며, 나이

35세에 대학 교수가 된 후에는 제자들의 일자리를 만들기 위해 창업을 했다. 그 직원들에 대한 책임감으로 사업을 해오는 동안 필요한 때 필요한 분들의 도움을 받은 덕분에 대학 연구실에서 출발한 작은 기업이 이제는 글로벌 기업으로 자리 잡기에 이르렀다.

내가 평생을 두고 열심히 공부해 제품을 만들어 인류에 기여하고, 가장 신뢰하는 사람들과 일했으니 누구보다 보람된 인생이었다고 자부한다. 이제 회사에 근무하는 모든 직원의 노고에 감사하며, 또 필요할 때 도움을 주었던 많은 훌륭한 분들의 은혜를 잊지 않고 꾸준히 보답해 해를 거듭할수록 주위에 더 많은 분들로부터 더 큰 믿음을 얻을 수 있는 인생이 되도록 할 것이다.

"삶이란 언젠가는 비슷한 시기에 같이 없어질 동시대 사람들과 좀 더 의미 있고 건강한 가치를 지키며 살아가다가 '별 너머 먼지'로 돌아가는 것"이라 했다. 나로 인해 내가 머문 시간 동안 서로 힘을 합해 역사에 기여하는 돌 하나 쌓고 사라질 수 있기를 소망한다.

청년은 죄가 없다. 그들은 오직 시키는 대로 열심히 노력했을 뿐이다. 이 책이 우리 청년들의 시행착오를 줄이고 어둠에서 탈출하는 길을 밝히는 역할을 할 수 있기 바란다.

2017년 7월

신동우

전문기자 후기

—

한국경제신문 중소기업 전문기자

김낙훈

이 책은 손이 아니라 발로 쓴 기록입니다.

머리가 아니라 가슴으로 새긴 것입니다.

일신을 위해서라면 얼마든지 편하게 먹고살 수 있는

케임브리지대학교 박사 출신의 대학교수가

어떻게 제자들의 일자리를 직접 만들어내고,

글로벌 기업으로 도약하기 위해

밤잠을 설치며 고군분투하고 있는지를

기록한 내용입니다.

기술한국을 이끌 선두에 서야 할 공과대학의 교육이

어떤 문제를 안고 있고

이를 해결하기 위해서는 어떤 노력을 해야 하는지

현장의 목소리가 담겨 있습니다.

선조들이 맨손으로 피땀 흘려 가꿔온 나라,

하지만 언젠가부터 스틸사진처럼

선진국 문턱에서 멈춰선 나라,

우리 조국이 이대로 주저앉을 수는 없습니다.

탁상공론으로는 이 문제를 풀 수 없습니다.

현장에 굳건히 두발을 딛고 해결책을 찾아야 합니다.

이 책은 그 실마리를 제공하고 있다고 봅니다.

한국경제

2016년 3월 4 금요일 A34
hankyung.com

오피니언

전문기자칼럼

100명 일자리 만든 공대 교수

김낙훈
중소기업전문기자

그는 창업할 이유가 없었다. 교수 생활만 했으면 사업자금을 대달라고 '구걸'할 필요도 없었다. 그런데도 나선 것은 단 한 가지 이유, 제자들에게 번듯한 일자리를 마련해주기 위해서였다. 그로부터 17년. 100명의 젊은이들에게 일자리를 제공했다. 그 이후를 책임지기 위해 정년을 10년 남겨두고 교수직에서 지난달 말 물러났다.

신동우 경상대 교수(55) 얘기다. 신 교수는 한양대 공대 수석 입학과 수석 졸업, KAIST 석사, 국방과학연구소 연구원, 독일 막스플랑크 연구원, 케임브리지대 박사(영국 정부 장학생), 일본 쓰쿠바의 국립무기재질연구소 연구원을 거쳐 1995년 경상대 교수로 임용됐다. 전 과정을 장학생으로 다닌 그는 무기재료 분야의 탁월한 연구로 각지의 세미나에 초청받는 등 남부러울 게 없었다.

교수·제자 합심해 일자리 창출

하지만 가슴 아픈 게 있었다. 외환위기 직후 제자들이 단 한 명도 취업하지 못한 것이다. "제대로 된 일자리를 창출해주자"며 1999년 학내에서 네 명의 제자들과 함께 ㈜나노를 창업했다. 그로부터 10년 동안 거지나 다름없었다. 엎친 데 덮친 격으로 경남 진주공장에서 화재가 발생해 벼랑 끝으로 내몰리기도 했다. 제자들과의 합심은 어려움을 이겨내는 원동력이 됐다.

나노는 이산화티타늄 원료를 싸게 제조하는 기술을 개발, 이를 활용해 화력발전소나 선박, 자동차에서 질소산화물을 잡아주는 탈질촉매필터를 생산하는 업체다. 공장은 2009년 경북 상주로 이전했다. 신 교수의 고향이다. 작년 4월 코스닥에 등록했고 글로벌 기업으로 도약할 채비를 갖추고 있다. 중국 쿤밍에 원료공장을 준공했고 스페인 자동차부품공장을 인수했다. 해외 영업법인은 중국 독일에 이어 작년 말 미국, 금년 초 일본에 추가 개설했다. 직원은 국내 100명, 글로벌 사업장을 포함하면 총 360명에 달한다.

그는 지난달 말 전체 교수들에게 고별 인사를 했다. 내용은 이렇다. "대학에서 가르치는 지식에 비해 대학 밖 지식이 기하급수적으로 커지고 있는데도 대학은 천자문을 가르치는 교육 틀에서 크게 벗어나지 못하고 있다. 교수는 국가의 미래경쟁력을 높이기 위해 청춘들에게 꿈을 줄 수 있는 교육이 무엇인지 생각하고 변해야 한다."

기술 창업 없이 일자리 없어

교수와 제자가 합심해 일자리를 만든 나노는 일자리 창출의 새로운 모델이다. 창업 당시나 지금이나 양질의 일자리가 턱없이 부족하기 때문이다. 그가 뽑은 제자 직원 중 회사 지원으로 박사학위를 받은 사람이 네 명, 석사학위자가 열 명에 이른다. 그는 "공학 교육의 본질은 돈이 되는 실용 기술을 개발하고 가르치는 것"이라며 "공학 교육이 실용 교육으로 바뀌어야 한다"고 강조했다.

현실은 어떤가. 공대 교수들은 실용 기술 대신 여전히 논문에만 매달린다. 우수 공대를 나온 학생은 창업을 외면하고 편한 국책연구기관 연구원이나 의학전문대학원에 들어가려고 애쓴다. 이런 현실이 바뀌지 않으면 한국에서 혁신적인 모험기업 탄생은 기대하기 힘들다. 공대 교수와 이공계 박사의 창업을 활성화하기 위한 방안 마련이 시급하다. 기술 창업 없이 양질의 일자리를 창출하는 것은 낙타가 바늘귀를 통과하는 것보다 어려울 것이다.

nhk@hankyung.com

㈜나노는 IMF 구제금융 시기였던 1999년 4월 경상대학교 세라믹 공학과 내 연구실에서 제자 3명과 함께 창업했다. 그해 대학 내 60평의 실험 공장에서 연구실에서 개발한 특허기술의 대량 생산 가능성을 검증했다. 그 후 2000년 경남 진주시 사봉면 농공단지 2000평의 부지에 공장을 지어 가동하다가, 2009년 창업자의 고향인 경북 상주시 청리 산업단지 1만5000평 부지에 지금의 새 공장을 지어 옮겨 왔다.

㈜나노는 화력 발전소, 소각로, 산업용 보일러, 선박, 자동차 등에서 연료를 연소할 때 불가피 하게 발생하는 대기 오염 물질인 질소 산화물을 무해한 질소로 전환하는 미세먼지 제거용 촉매 필터를 제조하고 있다. 중국 공장에서는 원료 물질을 제조하고, 한국의 공장에서는 최종 제품인 미세먼지 제거용 탈질 촉매 필터를 제조하고, 스페인 공장에서는 자동차 부품을 생산하고 있다. 2011년 상해에 나노 차이나 판매 법인을 설립했고, 2014년 독일 프랑크푸르트에 유럽 영업을 사무소를 설치했으며, 2015년 미국, 2016년 일본 동경에 영업사무소를 개설했다. 2015년 4월 코스닥에 상장했다. 경영 목표는 창업 후 지금까지 일관되게 '글로벌 기업'이고, 경영 이념은 '맑은 공기'와 '사원의 행복'이다.

청년에게 답하다

펴낸날 2017년 8월 30일 초판 1쇄

지은이 신동우 · **펴낸이** 이영무

펴낸곳 한양대학교출판부 · **출판등록** 제4-7호(1972.2.29)

주소 서울 성동구 왕십리로 222 · **전화** 02.2220.1432-4 · **팩스** 02.2220.1435

홈페이지 press.hanyang.ac.kr · **이메일** presshy@hanyang.ac.kr

정가는 뒤표지에 있습니다. 잘못된 책은 구입하신 곳에서 교환해드립니다.

ISBN 978.89.7218.548.2 (03040)